꽃은 어디에 피어도 향기를 낸다

꽃은 어디에 피어도 향기를 낸다

최복현 엮음

지혜의나무

꽃은 어디에 피어도 향기를 낸다.

　아무도 찾지 않는 깊은 산 속에 홀로 핀 꽃이 있습니다. 누가 보아주지 않아도, 누가 불러 주지 않아도, 누가 찾아 주지 않아도, 꽃은 아름다운 모습을 하고 있습니다. 아름다운 향기를 발하고 있습니다. 꽃은 어디에, 언제 피어도 늘 아름다운 색깔을 골랐습니다. 아름다운 잎새를 간직했습니다. 감미로운 유혹의 향기를 뿌리고 있습니다.
　그 아무도 없는 숲속 깊은 곳에, 어디서 왔는지 모르지만 벌과 나비가 날아듭니다. 꽃은 모습도 아름답지만 그에 못지 않은 아름다운 향기를 내기 때문입니다. 어디에 피어 있든지 달콤한 유혹의 향기를 냅니다. 누가 보든 보지 않든 상관 없이 그 모습 그대로의 아름다움을 간직하고 있습니다. 그래서 사람들은 꽃을 좋아 합니다. 그래서 사람들은 사랑하는 사람에게 꽃을 선물하나 봅니다.
　하지만 우리는 남에게 보여주기 위한 삶을 삽니다. 누가 보아야 향기로운 척 하고, 누가 보아주어야 가다듬고 화장을 고칩니다. 누가 박수를 쳐주어야 신나게 일하는 척 합니다.
　우리도 꽃을 닮아서 언제나 아름다운 삶을 살았으면 좋겠습니다.
　우리도 꽃을 닮아서 보는 이들에게 기쁨을 주었으면 좋겠습니다.
　우리도 꽃처럼 언제 어디서나 분위가 아름다운 삶을 살았으면 좋겠습니다. 언제 어디서나 향기로운 삶을 살았으면 좋겠습니다. 그래서 우리 주위에 있는 사람들 모두가 아름다워 졌으면 좋겠습니다.

시간과 장소에 구애됨 없이 다른 사람들 눈에 잘 보이기위해 연연해 하지 않고, 늘 한결같은 모습을 보여 주는 삶을 살았으면 좋겠습니다.

꽃이 어디에 피어도 늘 그 모습, 아름다운 모습을 간직하듯이 우리도 늘 그런 삶을 살았으면 좋겠습니다. 꽃이 어디에 피어도 늘 똑 같은 자기의 향기를 간직하고 있듯이 우리도 늘 뭔가에 좌우되지 않고 향기로운 삶을 살았으면 좋겠습니다. 그래서 우리가 사는 곳 어디나 아름다운 세상이 될 수 있었으면 좋겠습니다.

이 글들을 진정 삶을 가치 있고 아름답게 살아가려는 이들에게 드리렵니다. 생각 없이 사는 삶은 너무나 공허한 삶이고 맙니다. 자신을 돌아보며 언제나 아름다운 삶을 가꿔 가려 노력하는 사람들이 사는 마을은 정말 살만한 마을입니다.

이 책이 나오기까지 용기를 준 이들에게 고마움을 전합니다. 그리고 이 책이 나오기까지 애쓰고 수고한 〈지혜의 나무〉 식구들에게 웃음만이 가득할 수 있기를 바랍니다.

차례

욕망이 사라질 때 마음에 평정이 온다

많이 배울수록 겸손해야 한다 | 14
주어진 기회를 최대한 선용한다 | 16
진정한 자신의 능력을 안다 | 18
솔직하면 용서받을 수 있다 | 20
삶의 기준을 나의 척도로만 재지 않는다 | 22
사람들 각자는 각기 다른 생각으로 산다 | 24
재산보다는 지식이 유용하다 | 26
상대성을 인정한다 | 28
꽃은 어디에 피어도 향기를 낸다 | 30
나무는 모두 땅속에 뿌리를 감추고 있다 | 32
한쪽 눈을 가리고 달을 보니 달이 두개로 보인다 | 34
마음으로 보면 무엇이든 볼 수 있다 | 36
파리는 고기 썩는 냄새를 향수로 안다 | 38
수레바퀴는 움직여도 중심축은 움직이지 않는다 | 40
우리가 할 수 있는 한 최선을 다한다 | 42
자연스럽게 사는 것이 아름답다 | 44
진정한 인간관계는 서로 속박하지 않는다 | 46
조건 있는 행복은 길지 않다 | 48
진정한 행복은 영원하다 | 50
세상을 바로 보아야 진정한 자유를 얻는다 | 52

사람은 누구나 역할이 다르다

감정은 늘 변할 가능성이 내포되어 있다 | 56
단순하게 생각해야 행복을 찾을 수 있다 | 58
문화인은 진정한 인간으로부터 멀어지는 것이다 | 60
지금의 나를 버려야 새로움을 찾을 수 있다 | 61
우리는 모두 각기 다른 개성을 지닌 특별한 존재이다 | 64
이 세상의 모든 우주는 내 안에 있다 | 66
우리는 존재의 감옥에 갇혀 있다 | 68
젊은 마음을 소유해야 삶을 변화시킨다 | 70
우리가 잠든 순간에도 시간은 흐른다 | 72
객관성은 중도에 서 있어야 가능하다 | 74
생각은 우리 자신이 만들어낸 환영이다 | 76
새것과 헌것은 한 틀에 있어선 안 된다 | 78
우리는 삶에 있어서 관객이 아니라 출연자이다 | 80
부차적인 것은 화려해도 본질을 능가하지 못한다 | 82
구름은 늘 다른 모습을 갖는다 | 84
우리에게 가장 완전한 것은 내면의 세계이다 | 86
배움은 자기 합리화에 이용되어선 안 된다 | 88
이 세상은 무지개와 같은 잠깐의 환영이다 | 90
인류 역사는 사소한 경험들의 축적물이다 | 92
우리는 오늘도 신기루를 따라가고 있다 | 94

인간 각자는 경쟁자이면서 협력자로 산다

행복은 우리 내면에서 만들어진다 | 98
양심은 고차원적인 속임수이다 | 101
인간을 도구가 아니라 동반자로 여겨야 한다 | 104
내 삶, 내 사랑은 공유할 수 없다 | 106
우리는 자가하는 존재이므로 고등동물이다 | 108
나는 오늘도 나에게 나를 묻는다 | 110
절대 선은 절대 악이며, 절대 악은 절대 선이다 | 112
사랑은 아름다운 축제의 향연이다 | 114
인간은 그어진 틀 안에서의 자유로 존재한다 | 116
하나를 잃으면 그 닮은꼴을 찾는다 | 118
진리는 우리 마음속에 감춰져 있다 | 120
우리의 위치는 자신의 의지에 따라 정해진다 | 122
갈증은 바다 한가운데 있을 때 더 심하다 | 124
공존은 상반되는 것들의 모임이다 | 126
학문은 사소한 의심에서 출발한다 | 128
인간은 성장 가능성과 추락 가능성을 동시에 지닌 존재이다 | 130
바다는 많은 것을 감추고도 말이 없다 | 132
미완으로 남은 것은 늘 우리를 괴롭게 한다 | 134
진정한 스승은 모성애를 갖고 있다 | 136
바다는 가감에도 영향을 받지 않는다 | 138

소리는 눈으로 보는 것이 아니다

우리 마음속에 있다 | 142

우리는 앞으로만 가야하는 유한자이다 | 144

나와 너라는 구별이 사라질 때 하나가 된다 | 146

죽음을 알아야 삶을 알 수 있다 | 148

우리 몸은 마음을 담고 있는 그릇이다 | 150

강물은 아무리 막아도 흐름의 본질은 변하지 않는다 | 154

향기는 교감의 산물이다 | 157

우리는 꿈을 먹고 사는 존재이다 | 160

변화가 없는 삶은 이미 죽은 삶이다 | 162

우리가 가장 두려워하는 존재는 인간이다 | 164

나의 환희는 나만의 것이다 | 166

기능은 사용할수록 발전한다 | 168

기다림은 희망의 산물이다 | 170

우리는 탄생의 의미를 중요시해야 한다 | 172

우주는 늘 원점을 향한다 | 174

인간의 성(性) 속에는 무한한 변화의 가능성이 숨어 있다 | 176

형체가 없는 것은 존재가 아니다 | 178

하나에 몰입하면 기쁨을 느끼게 된다 | 180

우리의 본질을 비추는 것은 마음이다 | 182

마음은 사회의 관습에 의해 규제된다 | 184

진리는 개인적이 아닌 보편적인 것이다

신은 모든 피조물마다 숨어 있다 | 188
가능성은 미래를 향해 열린 창이다 | 190
신은 이 세상을 사랑하는 존재이다 | 192
자신의 삶을 사는 존재가 가치 있는 존재이다 | 194
우리는 모두 인간이 되려는 가능체이다 | 196
과거의 퇴적물이 모여 추억이 된다 | 198
기쁨은 나누어 공유할 때 의미가 있다 | 200
우리의 머리는 작지만 그 속에 온 우주가 들어 있다 | 202
육체와 마음은 본래 하나이다 | 204
행복의 옆에는 늘 불행이 자리한다 | 206
우리 삶의 모든 에너지는 현재에 집중해야 한다 | 208
하나가 전체가 되려해선 안 된다 | 210
삶은 사라지는 것과 되돌아옴의 연속이다 | 212
인간의 모습 속에 신의 형상이 들어 있다 | 214
이 세상은 소멸과 탄생의 연속이다 | 216
고정화된 형식의 틀을 벗어야 한다 | 218
명상은 우리의 심연에서 끌어올린 언어의 묶음이다 | 220

욕망이 사라질 때 마음에 평정이 온다

    고요한 호수, 거울 같은 이 호수에는 물결 한 점 없습니다. 그때 강한 바람이 불어옵니다. 그러면 거울은 산산조각 부서져 버리고 수면에는 수천 개의 파도가 일기 시작합니다. 파도가 일기 전의 호수는 달빛으로 가득했지만 이제 달빛은 산산조각 부서져 버립니다. 달빛은 아직도 호수 위에 쏟아지고 있지만 호수는 수천 개의 물결로 어지럽습니다. 수면은 은빛 비늘로 가득합니다. 그러나 물밑에 잠긴 달 그림자는 산산조각 부서져 버립니다.
  이 세상 사람들의 마음은 물결치는 호수와 같습니다. 진정 아름다운 사람은 그 마음이 바람 불지 않는 호수의 상태와 같습니다. 마음은 호수를 의미하고 바람은 욕망을 의미합니다. 욕망의 바람이 불어올 때 우리의 마음에는 수천 개의 파도가 일기 시작합니다. 우리의 의식과 이성은 흩어져 버립니다. 욕망의 바람이 잘 때 우리의 마음, 그 호수에는 깊은 휴식과 평화가 찾아 듭니다. 욕망의 바람은 존재의 깊은 호수에 파도를 일으키는 것입니다. 마음이 흩어지게 되면 우리는 우리 자신의 본질을 볼 수 있는 능력을 상실하게 됩니다. 우리는 우리의 마음을 아름다운 거울 같은 상태로 가꾸어야 합니다. 이를 위해서 우리는 우선 욕망을 버려야 합니다.

많이 배울수록 겸손해야 한다

　　대부분의 사람들은 뭔가를 하나 알게 되면 마치 모든 것을 알아버린 듯이 착각합니다. 하지만 우리의 앎에는 한계가 있습니다. 아무리 많은 것을 배운 사람이라도 배운 것 이상은 알지 못합니다. 그럼에도 불구하고 그 알량한 지식으로 모든 것을 자기 잣대에 맞추어 판단하고 실행합니다. 그러한 일에는 당연히 오류와 시행착오가 따르게 마련입니다.

　　지식이라는 것도 마찬가지입니다. 우리가 많이 알기 위해 많은 공부를 하지만 결국 우리의 학교 교육은 편식에 불과합니다. 대학에서, 대학원, 석사과정에서 박사과정으로 진행될수록 범위는 좁아지고, 그 좁은 범위에서 심도만 깊어질 뿐입니다. 학교 공부를 많이 할수록 하나는 확실히 알 수 있습니다. 하지만 많은 것을 아는 것은 아닙니다. 많이 공부했다 해서 누구를 무시하거나 업신여겨선 안 됩니다. 실제로 이 세상을 어지럽히고 살기 어렵게 하는 것은 소위 많이 배웠다는 사람들입니다.

❖ ❖ ❖

어떤 어리석은 사람이 있었습니다. 그는 어느 날 이웃집을 방문했습니다. 그는 그 집주인이 주는 음식을 먹고 싱거워 맛이 없다고 말했습니다.

주인은 그 말을 듣고 음식에 소금을 넣어주었습니다. 그는 소금을 넣은 음식을 맛있게 먹었습니다. 그리고는 이렇게 생각했습니다. '음식이 맛있는 것은 소금 때문일 거야. 조금만 넣어도 맛이 나는 것을 보면 많이 넣으면 무척 맛이 있을 거야'

그래서 그는 때마다 소금만 먹었습니다. 결국 그는 속병이 나고 말았습니다.

배움이 적은 사람은 황소처럼 늙어간다. 육신의 살은 찌지만 그의 지혜는 자라지 않는다.

주어진 기회를 최대한 선용한다

　무엇이나 때가 있는 법입니다. 할 수 있을 때 하지 않으면 영원히 우리에게 그 일을 할 기회가 주어지지 않을지도 모릅니다. 삶은 일 직선으로 진행되는 철로와 같습니다. 우리에겐 떠날 수 있는 티켓밖에는 없습니다. 삶에는 왕복 티켓이 없는 것입니다. 우리에게는 좌회전도 우회전도 P턴도 U턴도 허락되지 않습니다. 우리는 언제나 실전을 치르고 있습니다. 삶에 연습이란 존재하지 않습니다.

　기회가 있을 때 하지 않으면 나중에 후회만 남게 됩니다. 하고 싶은 일도 마찬가지입니다. 하고 싶을 때 하지 않으면 다시는 그것을 할 기회가 없습니다. 우리에게 주어진 기회는 주어진 그 순간이 마지막 기회인 것입니다. 언젠가 그와 비슷한 일이 주어진대도 이미 그때와는 다릅니다. 우리는 이미 그만큼 변해 있는 겁니다. 자신은 느끼지 못하지만 말입니다.

　어떤 사람이 하루는 손님을 초대하게 되었습니다. 그는 손님에게 소의 젖을 모아 대접하려 생각했습니다.

그는 이렇게 생각했습니다.

'내가 날마다 미리 소젖을 짜두면 소젖은 점점 많아져 둘 곳이 없을 거야. 또한 맛도 변해 못 쓰게 될 거야. 그러느니보다는 소젖을 소 뱃속에 그대로 모아 두었다가 필요한 때에 한꺼번에 짜는 것이 낫겠어.'

그는 곧 어미 소와 송아지를 따로 떼어 두었습니다.

한 달이 지난 후 손님을 초대했습니다. 그는 잔치를 베풀고 소를 끌고 와서 젖을 짜려고 했습니다. 그런데 그 소의 젖은 어찌된 일인지 말라 없어져 한 방울도 나오지 않는 것이었습니다.

그러자 손님들은 그의 어리석음을 비웃었습니다.

기회를 놓치지 말라! 인생은 모두가 기회인 것이다. 제일 앞서가는 자는 결단을 내려 과감히 실행하는 사람이다.

진정한 자신의 능력을 안다

　우리는 자기 착각에 빠져 사는 경우가 많습니다. 자신이 멋진 꾀를 내어 일이 잘 되어 가는 것 같고 상대방이 거기에 잘도 속는다고 생각할 수도 있습니다. 그러나 그 꾀를 미리 알아차리고 속아 주는 척하는 이도 있음을 알아야 합니다. 그것을 알지 못하고 자족하는 사람은 어리석은 사람입니다.
　사람들은 다른 사람과 비교해서 자신의 나은 점만을 찾으려는 경향이 있습니다. 그리고 그렇게 찾아진 자신의 장점을 내세우려는 경향이 있습니다. 하지만 그것은 착각입니다. 진정한 자신을 알아야 합니다. 남보다 우월해야 된다는 강박관념은 버려야 합니다.

　대머리인 사람이 있었습니다.
　어떤 사람이 배를 가지고 와서 그의 머리를 때렸습니다. 두세 번을 치니까 그의 머리에 상처가 났습니다. 그런데도 그는 가만히 참으면서 피하지 않았습니다.
　보다못한 옆에 있던 사람이 그에게 말했습니다.

"왜 피하지 않고 가만히 맞기만 하는 거요?"

그는 이렇게 대답했습니다.

"저 사람은 힘을 믿어 교만할 뿐만 아니라 어리석어서 지혜가 없어요. 그는 내 머리에 털이 없으니까 돌이라 생각하는 거요. 그래서 배로 내 머리를 때리는 것이지요."

그러자 옆에 있던 사람이 말했습니다.

"내가 보기엔 당신이 그보다는 당신이 더 어리석은 같소. 그렇지 않다면 왜 남에게 얻어맞고, 머리에 상처를 입으면서도 피할 줄 모르오?"

자기를 사랑한다면 자신을 잘 지켜야 한다. 먼저 자기 자신을 바로 갖추고 그런 다음에 남을 가르치라.

솔직하면 용서받을 수 있다

"세상에 드러나지 않는 것은 없다."라고 성경은 말합니다. 아무리 완벽한 거짓도 언젠가는 드러나게 마련입니다. 우리는 종종 진실을 숨기려다가 그 비밀이 밝혀져서 망신당하는 정치인들을 보게 됩니다. 거짓은 잠깐 동안은 그럴듯해 보이지만 나중엔 추하기 이를 데 없는 것입니다. 솔직하게 말하면 용서가 될 수 있는 일도 그것을 감추려다가 들통나면 용서받지 못하는 것입니다. 아무리 그 잘못이 크다 해도 솔직하면 용서받을 수 있습니다. 우리는 솔직함 앞에서는 관대해집니다. 반면 거짓은 아무리 사소한 것이라 해도 들통나면 배신감과 분노를 동반합니다. 거짓의 치료약은 진실한 고백밖에는 없습니다.

❖❖❖

어떤 어리석은 사람이 있었습니다.

그에게는 아름다운 부인이 있었습니다. 그는 부인을 무척이나 사랑해서 소중히 여겼습니다.

그러나 그 부인은 진실하지 못했습니다. 그녀는 사는 동안에 다른 남자와 정을 통하게 되었습니다. 심지어 음탕한 마음을 다잡지 못하여 다른 남자에게 가려고 했습니다.

그녀는 이웃집 노파에게 은밀하게 말했습니다.

"내가 떠난 뒤에 어떤 여자의 시체라도 좋으니 그 시체를 가져다가 우리 집 방에 두고 내 남편에게 '나는 이미 죽었다'고 말해 주세요."

그러고는 그녀는 떠나버렸습니다.

노파는 그 여자의 남편이 없는 때를 이용해 한 여자의 시체를 그 집으로 가지고 갔습니다. 그리고 그 남편이 집으로 돌아오자 그에게 말했습니다.

"당신 아내는 이미 죽었어요."

남편은 시체를 보고는 그것이 자기 아내라고 믿고 슬피 울면서 괴로워했습니다. 그는 장작을 쌓고 기름을 부어 시체를 태웠습니다. 그리고는 그 뼛가루를 자루에 담아 밤낮으로 안고 있었습니다.

그 뒤 아내는 다른 남자들이 싫어져 집으로 돌아왔습니다. 그리고 남편에게는 이렇게 말했습니다.

"내가 당신의 아내예요."

남편은 대답했습니다.

"내 아내는 벌써 죽었소. 당신은 누구인데 내 아내라고 거짓말을 하오."

아내는 두 번 세 번 거듭 말했지만 남편은 결코 믿으려 하지 않았습니다.

진실을 거짓이라 생각하고 거짓을 진실로 생각하는 사람은 이 잘못된 생각 때문에 끝내 진실에 이를 수 없다.

삶의 기준을 나의 척도로만 재지 않는다

우리는 세상을 우리 기준의 척도로 재어서는 안 됩니다. 이 세상은 애초에 하나로 출발했기 때문입니다. 모든 것은 그 하나에서 쪼개지고 나누어진 것입니다. 그러므로 우리는 누구보다 높은 존재도, 낮은 존재도 아닙니다. 우리는 누구나 신 앞에 평등한 존재들입니다.

세상은 꼭 높은 것과 낮은 것, 성스럽고 깨끗한 것과 더럽고 속된 것으로 나눠져 있는 것이 아닙니다. 이 세상은 성스러운 것과 속된 것으로 나눠지기 이전의 통합체였습니다. 높은 것과 낮은 것이 서로 손을 맞잡고 있는 셈이지요. 깨끗한 것은 더러운 것 속에 포함되어 있습니다. 그리고 낮은 것 또한 높은 것 속에 포함되어 있는 것입니다.

따라서 낮은 것은 보다 높은 차원으로 변형되어야만 합니다. 낮은 것은 결국 보다 더 높은 차원으로 변화하는 것입니다. 우리는 자신을 열등하게 여기지 말고 변화해야 합니다. 살아 있는 존재들은 누구나 동등하므로 누구에게 주눅들 필요도 없으며 누구 위에 군림해서도 안 됩니다. 우리 인간은 동일한 유한의 존재이므로 서로를 소중히 여기며 살아야 합니다.

❖ ❖ ❖

미련한 사람이 있었습니다. 그는 어리석은 사람이었습니다.

어느 날 그는 목이 너무 말라 물을 찾았습니다. 날이 더운 때라 강물 위에 아지랑이가 피어오르고 있었습니다. 그것을 본 그는 그것을 물이라고 생각하고 강으로 달려갔습니다. 그러나 막상 강에 다다르자 그는 바라만 볼 뿐 도무지 물을 마시려고 하지 않았습니다.

그러자 옆 사람이 말했습니다.

"당신은 몹시 목이 말라 물을 찾지 않았소. 그런데 지금 강에 왔는데 왜 물을 마시지 않소?"

그가 대답했습니다.

"그대들이 다 마시고 나면 내가 마시겠소. 이 물이 너무 많아 한꺼번에 다 마실 수 없기 때문이오."

사람들은 그 말을 듣고는 모두 큰 소리로 웃었습니다.

남의 잘못에 대해서 관용을 베풀어라!
오늘 저지른 남의 잘못은 어제의 내 잘못이었던 것을 생각하라!
완전하지 못한 것이 사람이라는 점을 생각하고 진정으로 대해 주지 않으면 안 된다.

사람들 각자는 각기 다른 생각으로 산다

새로운 생명이 탄생한다는 것은 또 하나의 새로운 의식이 생겨난다는 것을 뜻합니다. 이 세상에 존재하는 사람들은 모두 생각이 다릅니다. 같은 생각을 가진 사람은 없습니다. 누구나 늘 새로운 의식으로 존재의 문을 두드리기 때문입니다.

이원적인 태도는 더 이상 인간의 마음을 붙잡을 수 없게 되었습니다. 이원론자들은 수세기 동안 인간을 불구자로 만들어 버렸고, 인간을 죄인으로 만들어 버렸습니다. 그들은 결코 인간을 해방시키지 못했습니다. 그들은 인간을 죄수로 만들었을 뿐입니다. 그들은 결코 인간을 행복하게 만들 수 없었습니다. 그들은 인간을 불행으로 몰아넣었을 뿐입니다. 그들은 모든 것을 비관적으로 봅니다. 음식으로부터 성까지, 인간과 인간의 인간관계로부터 우정까지, 그들은 인간의 이 모든 것을 비난하고 있습니다.

사랑은 비난받고 있습니다. 육체는 비난받고 있습니다. 마음은 비난받고 있습니다. 그들은 자신들이 설 자리를 위하여 한 치도 양보하려 하지 않습니다. 그들은 인간의 모든 것을 앗아가 버렸습니다. 그리고 마침내 인간을 하나의 죄인으로서 교수형에 목매달고 있는 것입니다.

❖ ❖ ❖

어떤 어리석은 사람이 있었습니다. 그에게는 일곱 명의 아들이 있었습니다. 그런데 첫째 아들이 먼저 죽었습니다. 그는 아들이 죽은 것을 보고 그대로 집에 버려 둔 채 떠나려 했습니다.

이웃에 사는 사람이 그에게 말했습니다.

"살고 죽는 길이 다른데 빨리 먼 곳에 보내어 장사지내줘야지 왜 집에 버려 둔 채 떠나려 하오."

어리석은 사람은 이 말을 듣고 가만히 생각했습니다.

'만약 집에 두지 않고 꼭 장사지내야 한다면 아들 하나를 또 죽여 두 머리를 메고 가는 것이 보다 운치 있는 일일 거야.'

그는 곧 다른 아들 하나를 더 죽여 먼 숲에 두 아들을 장사지냈습니다.

사람들은 그것을 보고 그를 비난하며 그를 괴상히 여겼습니다.

남을 질책하는 사람은 끝내 친구를 사귀지 못할 것이요, 자기를 용서하는 사람은 허물을 고치지 못한다.

재산보다는 지식이 유용하다

　　재산을 버리기는 쉽지 않습니다. 그러나 지식을 버리기란 더욱 어렵습니다. 지식은 우리 자신 속에 있기 때문입니다. 지금까지 모은 재산은 잃어버릴 수 있지만 우리 속에 있는 지식은 버릴 수 없는 것입니다. 많은 지식을 가진 이가 무지한 사람이 된다는 것은 너무나 고통스러운 일입니다.
　　우리가 집착을 버리고 행복해지려면 모든 것을 버릴 준비가 되어 있어야 합니다. 우리가 알고 있는 모든 것을 지워 버려야 합니다. 많은 재산을 가진 것은 자랑할 가치가 별로 없습니다. 하지만 지식 있는 이들은 자랑스럽습니다.

　얼굴도 잘생기고 지혜 있고, 재물도 많은 사람이 있었습니다.
　주변 사람들 모두 그를 칭송했습니다.
　그때 어떤 어리석은 사람이 그를 '내 형님'이라고 불렀습니다. 그 어리석은 사람은 그에게 있는 많은 재물을 필요할 때에 얻어 쓰기 위해서였습니다. 그러나 자신이 재물을 얻어 쓸 필요가 없게 되자 그는

'내 형이 아니다'라고 말했습니다.

옆의 사람이 그에게 말했습니다.

"너는 어리석은 사람이야. 재물이 필요할 땐 그를 형으로 삼더니 필요 없게 되자 다시 형이 아니라고 말하니 말야."

그는 대답했습니다.

"나는 그의 재물을 얻기 위해 그를 형이라고 했지만 실제는 내 형이 아니에요. 이제 얻어 쓸 재물이 필요 없게 되었으니 형이 아니라고 한 거요."

사람들은 이 말을 듣고 모두 그를 비웃었습니다.

이 세상에서 천박한 집념과 불타는 욕망에 정복된 사람은 비 맞아 무성한 풀처럼 근심 걱정이 쉬지 않고 자란다.

상대성을 인정한다

　우리가 무슨 일을 하든 한편으로는 좋은 영향을 주지만 또 한편으로는 동시에 나쁜 영향도 주게 마련입니다. 아무리 좋은 일만 한다 해도 그 좋은 영향에 정비례하는 나쁜 영향이 그림자처럼 따라다니기 마련인 것입니다. 예컨대 개발이라는 것도 그렇습니다. 개발이란 우리가 살기 좋은 방향으로 유도하는 것입니다. 하지만 그 반면에는 자연의 파괴라는 나쁜 결과가 따르게 되어 있는 것입니다. 우리는 댐을 막습니다. 이는 많은 이들이 안정적으로 식수와 농수를 공급받고, 전기를 일으키기 위한 좋은 일입니다. 하지만 댐으로 인해 고향을 잃어버리는 이들이 생깁니다. 물론 물질적인 보상이 주어진다 해도 그들의 고향은 수장되어 버리고 그들의 고향에 대한 마음도 수장되고 맙니다. 또한 들과 산의 동식물들이 사라지게 되는 악 영향이 생겨나게 마련입니다.
　선과 악은 상대적인 것입니다. 이편에서 선은 저편에서는 악일 수 있고, 이편에서의 악은 저편에서는 선 일 수도 있습니다. 그러므로 우리는 편견을 가져서는 안 됩니다. 상대성을 인정하는 대화의 정신을 가져야 합니다.

❖❖❖

어떤 도둑이 있었습니다.

그는 나라의 창고에서 물건을 훔쳐 멀리 도망쳤습니다.

그러자 왕은 사방으로 병사를 파견하여 그를 잡았습니다.

왕은 그가 입은 옷의 출처를 캐물었습니다.

그는 말했습니다.

"이 옷은 우리 조부 때의 물건입니다."

왕은 그 옷을 다시 입어 보라고 했습니다. 그러나 그 옷은 본래부터 그가 입던 옷이 아니었기 때문에 그는 옷을 입을 줄 몰랐습니다. 손에 있을 것을 다리에 끼고 허리에 있을 것을 머리에 썼습니다.

왕은 그것을 보고 대신들을 모아 그 일을 밝히기 위해 그에게 말했습니다.

"만일 그것이 너의 조부 때부터 내려온 옷이라면 입을 줄 알아야 할 것이야. 그런데 어찌하여 위아래가 뒤바뀌었는고. 입을 줄 모르는 것을 보면 그 옷은 도둑질한 것이 분명하렷다."

자연 현상은 끊임없는 변화와 변천 속에 있으나, 사상 즉 그 개념적인 모습은 움직이지 않는 것이다. 자연은 영원히 동일하고 동요하지 않는 것이며 하나인 것이다. 그러나 사상은 다양하고 변화하는 것이며, 대립과 단순한 상대성 속에 있으며 자연의 주위를 떠도는 것이다.

꽃은 어디에 피어도 향기를 낸다

우리는 그 어느 것도 비난해선 안 됩니다. 비난은 어리석은 일입니다. 비난하는 것은 발전할 수 있는 자신의 가능성을 부정하는 것입니다.

진흙을 보면 진흙은 지저분해 보입니다. 하지만 연꽃은 진흙 속에 숨겨져 있습니다. 연꽃이 진흙에서 피어나듯 우리도 우리의 단점을 장점이 되도록 이용해야 합니다.

물론 진흙은 아직 연꽃이 아니지만 얼마든지 연꽃을 피게 할 수 있습니다.

진리를 찾는 사람은 얼마든지 진흙에서 연꽃이 피어나도록 할 수 있을 것입니다. 우리는 세상에 존재하는 것들을 새로운 것, 건설적인 에너지로 바꿀 수 있는 잠재 능력이 있습니다. 때문에 누군가를 추하다고 비난하기 전에 그들의 유용성이 무엇인지를 알고, 그러한 방향으로 인도하는 것이 좋습니다.

어떤 사람이 여러 사람 앞에서 자기 아버지의 덕을 찬탄하며 이렇게 말했습니다.

"우리 아버지는 인자하여 남을 해치지 않고 말이 진실하고 또 남을 위해 많은 선행을 하신다."

이 말을 듣고 있던 한 어리석은 사람이 이렇게 말했습니다.

"우리 아버지의 덕행은 당신 아버지보다 낫소."

그러자 사람들이 물었습니다.

"어떤 덕행을 행했기에 그러오."

그는 대답했습니다.

"우리 아버지는 어릴 때부터 음욕을 끊어 여자를 가까이 하지 않아 조금도 더러움이 없소."

사람들은 말했습니다.

"만일 음욕을 끊어 여자를 가까이 하지 않았다면 그럼 어머니가 음탕하여 당신을 낳았단 말이오."

그는 결국 사람들로부터 비웃음을 사고 말았습니다.

어떠한 꽃향기도 바람을 거스르지는 못한다. 그러나 덕이 있는 사람의 향기는 바람을 거슬러 사방에 풍긴다. 하늘의 신들에게까지 퍼져간다.

나무는 모두 땅속에 뿌리를 감추고 있다

　무엇이든지 인과 관계가 있게 마련입니다. 뿌리 없는 나무가 없으며, 줄기 없는 뿌리는 아무런 의미가 없습니다. 씨앗은 나무를 거부하지 않습니다. 씨앗이 없다면 나무는 존재할 수도 없습니다. 나무 역시 씨앗을 거부하지 않습니다. 나무와 씨앗은 깊은 관계에 있습니다. 그들은 한 몸인 것입니다. 독약도 어느 순간에는 양약이 됩니다. 반면 양약도 때로는 독약이 되기도 합니다.

　마찬가지로 삶과 죽음은 함께하는 우정어린 관계와 같습니다. 삶이 없으면 죽음이란 단어는 생겨나지 않았을 것입니다. 죽음이 없다면 삶이란 말의 의미를 우리는 알 수 없었을 것입니다. 모든 것, 서로 반대되는 모든 것은 같은 에너지의 양면에 불과합니다. 밤과 낮, 사랑과 미움, 그리고 남성과 여성, 이성과 감성, 그 모두는 동일한 것의 양면에 불과할 뿐입니다.

❖❖❖

　미련한 부자가 있었습니다. 그는 아무것도 아는 것이 없는 무지한 사람이었습니다. 그가 다른 부잣집에 가서 3층 누각을 보았습니다.

그 집은 높고 넓으며, 웅장하고 화려하며, 시원하고 밝았습니다. 그는 부러워하며 이렇게 생각했습니다.

'내 재물은 저 사람보다 뒤지지 않는다. 그런데 왜 나는 지금까지 저런 누각을 짓지 않았지.'

그리고는 곧 목수를 불러 물었습니다.

"저 집처럼 아름다운 집을 지을 수 있겠소."

"그럼요. 저 집은 내가 지은 집이지요."

목수는 대답했습니다.

"그렇다면 지금 나를 위해 저런 누각을 짓게."

목수는 곧 땅을 고르고 벽돌을 쌓아 누각을 지으려 하였습니다.

부자는 벽돌을 쌓아 집 짓는 것을 보고 의혹이 생겨 목수에게 물었습니다.

"어떤 집을 지으려나."

"3층집을 지으려 합니다."

목수가 대답했습니다.

그러자 부자는 말하였습니다. "나는 아래 두 층은 가지고 싶지 않네. 먼저 제일 위층을 짓도록 하게."

목수는 대답했습니다.

"아래층을 짓지 않고 어떻게 둘째 층을 지을 수 있습니까. 둘째 층을 짓지 않고 어떻게 셋째 층을 지을 수가 있겠습니까."

그러나 부자는 고집스럽게 대답했습니다.

"지금 내게는 아래 두 층은 필요 없다니까. 맨 위층을 먼저 짓게."

이 말을 들은 사람들은 모두 비웃으면서 말했습니다.

"어떻게 아래층을 짓지 않고 위층을 짓는담."

한쪽 눈을 가리고 달을 보니 달이 두개로 보인다

　　우리가 영롱한 의식을 갖지 못할 때 사물은 있는 그대로 보이지 않습니다. 우리는 이때 우리 자신의 주관을 통해서 사물을 보게 되기 때문입니다. 한쪽 눈을 가리고 달을 보면 달은 두 개로 보입니다. 두 개의 달을 보는 사람에게 달은 하나라고 이해시키기는 참으로 어려운 일입니다. 태어날 때부터 한쪽 눈이 불구인 사람은 사물을 볼 때 언제나 두 개로 보게 될 것입니다. 온전한 사람은 사물을 한 개로 보지만 그는 사물을 두 개로 보게 되는 것입니다. 그러면서 그는 그것을 진실로 받아들이게 됩니다.
　　우리는 우리 자신의 주관 때문에 스스로 속고 있는지도 모릅니다. 우리는 실재하지도 않는 사물을 보게 되는 것입니다. 우리가 지금 보고 있는 것이 실재하는 것이 아닐지도 모릅니다. 우리는 우리 자신의 눈을 믿고 있지만 잘못 보고 있는지도 모릅니다. 우리는 이제 영롱한 이성을 되찾아야 합니다.
　　나와 너가 하나로 보일 때 우리는 진정한 사랑의 경지에 이르게 됩니다. 우리가 올바르게 볼 수 있다면 그때 너와 나는 하나로 보일 것입니다.

❖❖❖

어떤 점술사가 스스로 많은 것을 안다고 자랑했습니다.

하늘의 별을 보고 미래를 알며 갖가지 기예를 밝게 통달했다고 했습니다. 그래서 자기의 재주를 믿고 그 덕을 보여 주려고, 다른 나라에 가서 자식을 안고 울고 있었습니다.

어떤 사람이 그에게 물었습니다.

"왜 울고 있소."

그는 말합니다.

"이제 이 아이는 7일 후면 죽을 것이오. 일찍 죽는 것이 가여워 우는 것이오."

사람들은 말했습니다.

"사람의 병은 알기 어려워 실수하기 쉬운 법이오. 혹 7일만에 죽지 않을지도 모르는데, 왜 미리 우시오."

그는 말합니다.

"해와 달이 어두워지고 별들이 떨어지는 일이 있더라도 내 예언은 틀림없을 것이오."

그는 자기의 예언을 증명하기 위해 7일째 되는 날 스스로 자식을 죽였습니다. 세상 사람들은 7일 뒤에 그 아이가 죽었다는 말을 듣고 모두 고개를 끄덕이며 말했습니다.

"참으로 지혜 있는 사람이야. 그의 말이 맞았어."

사람들은 점술사의 간계에 속아 탄복하면서 그를 마음으로 믿으며 모두 와서 공경했습니다.

존재하는 것은 무엇이라도 정당하다.

마음으로 보면 무엇이든 볼 수 있다

눈 먼 사람에게는 불이 켜져 있든 꺼져 있든 아무런 차이가 없습니다. 우리는 영혼의 눈이 멀었기에 마음의 등불은 이미 켜져 있지만 어둠 속에서 살고 있는지도 모릅니다. 이는 등불이 문제가 아니라 우리 눈이 멀었기 때문입니다.

이제 마음의 눈을 떠야 합니다. 눈으로 보이는 것만 보려 하지 말고 마음의 눈으로 보려고 노력해야 합니다. 눈으로 보이는 것은 많지도 않거니와 보려 해도 많은 제약이 따릅니다. 하지만 우리 마음의 눈이 떠질 때 우리는 아무런 제약 없이 아주 많은 것을 볼 수 있습니다. 진리는 눈에 보이는 것이 아니라 마음에 있는 것입니다.

진리는 바로 우리 안에 있는 것입니다. 진리는 얼마든지 만져 볼 수도 있고 마실 수도 있습니다. 진리와 함께 춤출 수도 있고 절정에 이를 수도 있습니다. 바로 옆에 넘치는 진리가 있지만 우리가 보지 못하고 있는 것입니다. 우리는 오욕으로, 염려로, 선입견으로 마음의 눈이 멀어 있기 때문입니다.

우리는 진실된 것들을 이야기하지만 실제로 진실된 일이 일어났을 때 그것을 반대하게 됩니다. 우리는 진리를 인정합니다. 하지만 진리가 옆에 있다 해도 진리를 인정할 수 없습니다. 우리는 모두 보이는 것만을 진리로 인정하려는 데 익숙해 있어서 그 외의 것은 생각할 수도 없기 때문입니다.

보이는 것보다 보이지 않는 것이 더 많습니다. 진리는 보이지 않는 경우가 더 많습니다. 그러나 진리는 멀리 잇는 것이 아닙니다. 가까이 있는 데도 우리의 선입견 때문에 보지 못하고 느끼지 못하고 있는지도 모릅니다.

❖ ❖ ❖

어떤 어리석은 사람이 검은 석밀장을 불 위에 얹어 놓고 달이고 있었습니다.

때마침 어떤 사람이 그 집에 가게 되었습니다.

그러자 그 어리석은 사람은 '나는 이 석밀장을 빨리 식혀 그에게 주리라' 고 생각했습니다.

그래서 불 속에 물을 조금 떨어뜨리고 빨리 식으라고 부채로 부치면서 석밀장이 식기를 기다렸습니다.

옆에 있던 사람이 말했습니다.

"밑 불이 꺼지지 않았는데, 부채로 부친다고 그게 식겠소. 도리어 불이 살아나 더 끓을 뿐이지."

사람들은 모두 그의 어리석음을 비웃었습니다.

모든 일은 마음이 근본이다. 마음에서 나와 마음으로 이루어진다.

파리는 고기 썩는 냄새를 향수로 안다

　　인간은 습관 속에서 살아가고 있습니다. 과거 속에서, 추억과 기억 속에서 살아가고 있습니다. 자신이 알고 있는 지식 속에서 살아가고 있습니다. 과거라는 틀에 묶여 사는 사람은 부패한 음식만을 찾아다니는 파리와 같습니다.
　　파리는 고기 썩는 냄새를 좋아합니다. 파리에게는 향기로운 냄새가 오히려 더러운 냄새일 것입니다. 파리는 고기 썩는 냄새를 향기라고 생각합니다.
　　우리도 마찬가지입니다. 우리가 과거를 답습한다는 것은 우리 스스로 썩어가고 있는 것입니다. 우리가 육체를 위해서만 살고 있다면, 영적으로 살고 있는 사람이 가까이 올 때 그가 잘못되어 있다고 느낄 것입니다. 우리는 그에게서 향기 대신 추한 냄새를 느낄 것입니다. 이것은 우리의 주관적인 해석 때문입니다.
　　예수는 영혼의 짙은 향기를 주는 선한 이였습니다. 그러나 사람들은 그를 쉽게 죽일 수 있었습니다. 그들에게는 그 영혼의 향기가 악취로 느껴졌기 때문입니다. 우리는 과거 습관에 따라서만 남을 이해하려 해서는 안 됩니다. 그런 우를 범하지 않기 위해서는 육체적인 물욕에 너무 집착해선 안 됩니다.

 그러기에 우리는 나쁜 습관을 버리고 좋은 습관을 갖고자 노력해야 합니다.

❖ ❖ ❖

 어떤 사람이 여러 사람들과 함께 방안에 앉아서 밖에 있는 다른 사람의 흉을 보고 있었습니다.

 "그 사람은 두 가지 허물이 있어요. 첫째는 성을 잘 내는 것이요, 둘째는 일을 경솔히 하는 것이라오."

 그때 문 밖에서 이 말을 듣고 있던 그 사람은 성을 내면서 방에 들어가 그의 멱살을 잡고는 욕을 하며 주먹으로 때렸습니다.

 옆의 사람이 물었습니다.

 "왜 때리는 거요?"

 그는 대답했습니다.

 "내가 언제 성을 잘 내며 경솔했소? 그래서 때리는 것이오."

 옆의 사람이 말했습니다.

 "당신은 성내기를 좋아하고 경솔하게 행동하는 것을 지금 바로 보여주고 있잖소? 그런데 왜 사실이 아니라고 하는 거요."

 그 사람은 할 말이 없었습니다.

더러운 것을 더럽게 보고 감각의 욕망을 잘 억제하며 먹고 마심에 절제가 있고 굳은 신념으로 정진하는 사람은 악마도 그를 정복할 수 없다.

수레바퀴는 움직여도 중심축은 움직이지 않는다

　이 세상 모든 것은 그대로 있습니다. 파르메니데스처럼 보면 그대로 있는 것입니다. 헤라클레이토스처럼 보면 세상 모든 만물은 변하고 있습니다. 이 두 주장은 모두 옳습니다. 단지 어떻게 보느냐의 차이일 뿐입니다. 진리란 이 두 경우를 인정하는 일입니다. 한쪽만 옳다고 보면 진리의 반쪽만을 인정하는 결과를 초래하게 됩니다. 반쪽의 진리란 완전한 진리가 아닙니다.
　수레의 바퀴는 움직여도 그 바퀴의 중심축은 움직이지 않습니다. 파르메니데스는 이 중심축을 이야기했고, 헤라클레이토스는 바퀴를 이야기했던 것입니다. 그러나 바퀴는 중심축이 없으면 존재할 수 없습니다. 또한 바퀴 없는 중심축은 쓸모가 없습니다.
　반쪽의 진리로 보이는 두 개의 모순점은 서로 반대되는 것이 아니라 서로가 서로를 보충하고 있는 것입니다. 진리는 한쪽이 한쪽에 대해서 상호 보완적일 때에만 존재하는 것입니다. 서로 다른 양극이 서로를 거부한다면 거기에 진리는 존재할 수 없게 됩니다.

❖ ❖ ❖

어떤 상인들이 큰 바다를 항해하게 되었습니다. 바다를 항해하자면 반드시 길잡이가 있어야 했습니다.

그래서 그들은 길잡이 한 사람을 구했습니다. 길잡이를 따라 바다로 나가는 도중에 넓은 들판에 이르렀습니다.

거기에는 천신을 모시고 제사지내는 사람이 있었습니다. 그런데 사람을 죽여 천신에게 제사한 뒤에 라야 비로소 지나갈 수 있었습니다.

상인들은 서로 의논했습니다.

"우리는 모두 친한 친구다. 어떻게 우리를 죽이겠나. 저 길잡이밖에 제물에 적당한 사람이 없구먼."

그래서 그들은 곧 길잡이를 죽여 제사를 지냈습니다. 그런데 제사를 마친 그들은 어디로 가야 할지 몰라 헤매다가 마침내 지쳐서 모두 죽고 말았습니다.

도의 근원은 천리에서 나오는 것이니, 천리가 변치 아니하면 도 또한 변하지 않는 법이다.

우리가 할 수 있는 한 최선을 다한다

인간을 인간 이상으로 향상시키려는 것은 어리석은 일입니다. 인간은 아무리 해도 인간 이상으로 더 좋아질 수도 없고 인간 이상으로 변형될 수도 없습니다. 인간 이상의 변형이 일어난다면 그는 인간이 아니라 신입니다. 그러므로 인간은 인간 이상이 되려는 오만을 버려야 합니다. 인간은 인간으로서의 모든 것을 받아들여야 합니다. 우리 자신의 내적인 하늘을, 본질의 바다를, 자각이 깊어짐에 따라 우리는 알게 될 것입니다. 존재의 하늘이 무엇이라는 것을. 구름이, 바닷가, 그리고 바다로 가는 개울이 무엇이라는 것을 우리는 알게 될 것입니다.

우리는 인간으로서의 가능성을 최대한 확대해야 합니다. 반면에 인간으로서의 유한성을 겸허하게 수용해야 합니다. 그러면 모든 헛된 욕망은 사라집니다. 환영은 사라지고 순수한 인간으로 돌아가게 될 것입니다.

❖❖❖

어떤 국왕이 뒤늦게 딸을 낳았습니다. 성미가 급한 왕은 의사를 불러 말했습니다.

"나를 위해 공주에게 약을 먹여 빨리 자라도록 하라."

의사는 말했습니다.

"나는 공주님께 약을 먹여 빨리 크게 할 수는 있습니다. 그러나 지금 당장에 그 약을 구할 방법이 없습니다. 그 약을 얻을 때까지 왕께서는 공주님을 보지 마십시오. 약을 쓴 뒤에 왕께 보여드리겠습니다."

의사는 곧 먼 곳에 가서 약을 구해오겠다고 말했습니다. 그리고는 12년이 지난 뒤에 약을 얻어 가지고 돌아와 공주에게 주어 먹게 한 뒤 왕에게 데리고 가서 보게 했습니다.

왕은 공주를 보고 기뻐하며 말했습니다.

"참으로 훌륭한 의사로구나! 공주에게 약을 주어 갑자기 자라게 하다니."

왕은 신하에게 명령하여 그에게 보물을 주었습니다.

그 이야기를 들은 사람들은 모두 왕의 무지를 비웃었습니다.

"공주가 12년 동안 자란 것은 알지 못하고 그 장성한 것만을 보고 약의 힘이라고 말하다니."

자기의 맡은 일에 최선을 다하라. 그렇게 할 때 최선의 이익이 돌아올 것이다.

자연스럽게 사는 것이 아름답다

    자연스럽게 사는 일이 아름다운 일입니다. 자연적으로 일어나도록 모든 것을 맡겨두는 것이 순리입니다. 그 자연스러움을 막지 말아야 합니다. 제지하지 말아야 합니다. 부자연스럽게 조작하지 말아야 합니다.

   강물을 막을 것이 아니라 그 강물에 휩쓸려 떠내려가는 것이 순리입니다. 강이 흐르는 대로 어디든지 가보는 것입니다.

   자연스럽게 산다는 것은 방해하지 않는 것을 뜻합니다. 가고 싶은 대로 흘러가는 것을 뜻합니다. 무슨 일이 일어나든지 지켜보는 것입니다. 그것이 일어나는 것을 지켜볼지언정 그것 속에 뛰어들지 말아야 합니다. 그리고 그 흐름을 바꾸려 하지도 말아야 합니다. 자연스럽다는 것은 자신이 어디에도 소속되지 않았음을 뜻합니다. 이는 도달해야 할 어떠한 목적지를 갖지 않았음을 뜻합니다. 어떤 목적지가 있다면 자연스럽지 못합니다.

   마음을 평안한 상태로 살아가려면 자연에 순응해야 합니다. 자연스러움에 맡기고 순리대로 사는 것입니다.

❖❖❖

두 사람이 사탕수수를 심으면서 서로 맹세했습니다.

"좋은 씨앗을 심은 사람에게는 상을 주고, 좋지 못한 씨앗을 심은 사람에게는 무거운 벌을 주자."

그때 그 중 한 사람은 이렇게 생각했습니다.

'사탕수수는 아주 달다. 만일 즙을 짜서 그 나무에 다시 주면 그 맛은 다른 것보다 뛰어날 거야.'

그래서 그는 곧 사탕수수를 눌러 그 즙을 짜서 나무에 쏟고는 맛이 좋아지기를 기대했습니다.

그러나 오히려 그 씨앗만 못 쓰게 되고 많은 사탕수수를 잃어버리고 말았습니다.

가르침의 깊이가 깊어질수록 불의에 대한 저항, 변치 않는 진리와 같은 더 큰 정신적인 힘에 관심을 갖게 된다. 결국 위대한 가르침은 마침내 우주적 질서와 모든 살아 움직이는 생명들과 같이, 순리를 거스르지 않는 특성을 가지게 된다. 원숙한 가르침은 우리에게 우주 그 자체의 근원이 되는 지혜와 존경을 보여 준다.

진정한 인간관계는 서로 속박하지 않는다

모든 인간관계는 표면상으로는 아름답습니다. 그러나 깊이 보면 그들은 서로가 서로를 속박하고 있습니다. 그러나 인간관계, 그 자체를 부정하려는 것은 결코 아닙니다. 어떠한 인간관계든 인간관계를 통해서 행복해질 수 있는 것은 아닙니다.

이 세상에 살아 있는 한 인간관계를 갖지 않을 수는 없습니다. 하지만 우리에게 행복을 주는 것은 그 인간관계가 아니라는 것을 알아야 합니다. 행복이란 결코 밖으로부터 오는 것이 아닙니다. 행복은 언제나 우리의 마음에 있는 것입니다.

대부분의 사람들은 행복이 밖에서 온다고 생각하고 그것을 위해 욕심을 부립니다. 그들은 그 속박 속에 살고 있는 것입니다. 그러나 진정한 행복은 우리의 내부로부터 옵니다. 우리는 우리의 내면에서 행복을 추구할 때 속박으로부터 벗어날 수 있습니다.

❖ ❖ ❖

어떤 상인이 남에게 돈 반푼을 빌려 쓰고 오랫동안 갚지 못했습니다. 그는 빚을 갚으러 떠났습니다.

그 앞길에는 큰 강이 뱃삯으로 두 냥을 주어야 건너갈 수 있었습니다.

그는 빚을 갚으려고 갔지만 때마침 사람을 만나지 못하고 강을 건너 돌아오면서 또 두 냥을 써버렸습니다. 결국 그는 반 푼 빚을 갚으려다 도리어 네 냥의 돈을 손해보고 말았습니다. 진 빚은 극히 적었으나 손해는 아주 많았던 것입니다.

자신을 완성시키려면 정신적으로는 물론 다른 사람과의 관계도 잘 맺어야만 한다. 다른 사람들과 교제를 맺지 않고 또한 다른 사람에게 영향을 미치거나 영향을 받지 않고서는 자신을 살찌워나갈 수 없기 때문이다.

조건 있는 행복은 길지 않다

우리는 목적지가 뚜렷한 길을 따라가려 합니다. 그러나 행복 그것은 목적지가 없습니다. 그것은 이미 거기 있습니다. 다른 길로 가려고 움직이는 그 순간 우리는 점점 더 멀어지고 있는 것입니다. 모든 행동은 그것으로부터 점점 더 멀어져 갈 뿐입니다. 가는 것은 모두 배반하는 것입니다. 가지 않는 것이 그곳에 도달하는 길입니다. 가지 않는 것이 진정한 길입니다. 찾으면 잃을 것입니다. 찾지 않으면 얻을 것입니다.

행복에는 두 종류가 있습니다. 하나는 조건이 있는 행복입니다. 이는 확실한 이유가 있을 때에만 일어나는 행복입니다. 우리는 사랑하는 사람을 보는 순간 행복을 느낍니다. 길가에서 돈지갑을 주웠을 때 행복을 느낍니다. 상을 탔을 때 즐거워합니다. 행복에 넘치게 될 것입니다. 이런 행복은 모두 조건과 그럴 만한 이유가 있는 행복들입니다. 그러나 이 행복들은 영원하지 못합니다.

조건 있는 행복 속에서 행복은 오래 지속되지 않습니다. 그 행복은 순간적인 것입니다. 순간적으로 왔다가 가버리는 것입니다. 반면 조건 없이 주어지는 행복은 영원합니다. 이는 마음속에 감춰져 있는 진리를 발견해 내는 일인 것입니다.

　행복은 항상 자신의 마음에 있습니다. 그것을 느낄 수 있는 것은 자기 자신뿐입니다. 행복이란 먼 곳에 있는 것이 아니라 그것을 느끼기만 하면 되는 것입니다.

❖ ❖ ❖

　어떤 가난한 사람이 왕을 위해 오랫동안 일했습니다. 그러나 이제는 늙고 야위게 되었습니다.

　왕은 그를 가엾이 여겨 죽은 낙타 한 마리를 주었습니다.

　그는 그 낙타의 가죽을 벗기려 했지만 칼이 무디었기 때문에 숫돌에 칼을 갈아야 했습니다.

　그는 다락 위에 올라가 숫돌에 칼을 갈아 가죽을 벗겼습니다.

　하지만 그는 다락 위로 자주 오르내리면서 칼을 갈다 몹시 피로해졌습니다. 그래서 오르내리지 않고 낙타를 다락에 달아 두고 숫돌에 칼만 갈았습니다.

　행복이란 건 대개 현재와 관련되어 있다. 목적지에 닿아야 비로소 행복해지는 것이 아니라 여행하는 과정에서 행복을 느끼기 때문이다.

진정한 행복은 영원하다

　우리가 이 세상에서 행복이라 하는 것들은 순간적으로 왔다가 가 버립니다. 흘러가는 구름처럼, 시냇물처럼 지나갑니다. 조금만 비가 오지 않아도 금새 말라 버리는 개울물처럼 지나갑니다. 약간 비가와도 홍수로 범람했다가 물 한 모금 없이 말라 버리는 개울물과 같습니다.
　하지만 바다는 결코 불거나 줄지 않습니다. 조건이 전혀 없는 행복은 어떠한 조건과 이유를 붙일 필요조차 없습니다. 행복은 존재의 심연에서 언제나 넘치고 있습니다. 우리 자신의 내면에 있는 행복은 재산도, 여자도, 남자도 필요치 않습니다. 명예와 권력도 필요치 않습니다. 필요한 것은 아무것도 없게 됩니다. 우리 자신의 내면, 모든 것은 그 속에 있습니다.
　이 행복만이 영원한 행복입니다. 이 행복만이 영원한 우리의 행복입니다. 찾으면 순간적인 행복만을 발견하게 될 것입니다. 찾지 않으면 우리는 이 영원한 행복을 발견하게 될 것입니다.
　달콤한 꿀은 우리의 입 속에 있는데 우리는 그것을 찾기 위해 깊은 산 속으로 들어가고 있는지도 모릅니다.

❖ ❖ ❖

어떤 사람이 배를 타고 바다를 건너다가 은그릇 하나를 물에 떨어뜨리고 말았습니다.

그는 가만히 생각했습니다.

'지금 물에 금을 그어 표를 해둔 뒤 나중에 다시 찾으러 오자'.

그래서 그는 두 달이나 걸려 사자국에 이르렀습니다. 그 사람은 앞에 흐르는 물을 보고 곧 들어가 전에 잃은 은그릇을 찾으려 했습니다.

사람들이 물었습니다.

"왜 그러는 거요?"

그는 대답했습니다.

"전에 은그릇을 잃었는데 지금 그것을 찾으려고요."

"어디서 잃었는데요?"

"처음으로 바다에 들어와 잃어 버렸지요."

"잃은 지 얼마나 되었는데요?"

"잃은 지 두 달되었군요."

"잃은 지 두 달이나 되었는데 어떻게 찾겠다고 하는 거요?"

"내가 은그릇을 잃었을 때에 물에 금을 그어 표시를 해두었는데 전에 표시해둔 물이 이 물과 똑 같아요. 그래서 찾는 것이오."

"물은 비록 다르지 않지만 당신은 전에 저기서 잃었는데, 지금 여기서 찾은들 어떻게 찾는단 말이오?"

마음이 깨끗한 사람은 행복하다.

세상을 바로 보아야 진정한 자유를 얻는다

　우리가 이 세상을 올바로 이해하지 못하면 우리의 눈은 보이는 것에 자유롭지 못합니다. 마음은, 몸은 느끼는 것에서 자유롭지 못합니다. 우리는 진정 들을 줄도 모르고 볼 줄도 모릅니다. 냄새맡을 줄도 모르고 감촉을 느낄 줄도 모릅니다. 우리는 우리 자신이 만든 속박의 사슬에 얽매어 있는 것입니다.
　이 세상은 오직 진정한 자유를 통해서만 이해할 수 있습니다. 우리의 마음을 사로잡고 있는 것들이 없어질 때, 우리를 잡고 있는 철학이 없어질 때, 그 논리의 감옥이 부서질 때, 우리를 묶고 있는 굴레가 부서질 때 우리는 이해할 수 있을 것입니다. 이 세상이 무엇이라는 것을 이해할 수 있을 것입니다. 이해란 오직 자유 속에서, 흐트러지지 않는 마음속에서만 가능하기 때문입니다.

❖ ❖ ❖

　어떤 사람이 왕의 허물을 이야기했습니다.
　"왕은 포악해서 백성을 다스리는 것이 이치에 맞지 않아."
　왕은 그 말을 듣고 매우 화를 냈습니다. 그러나 누가 그런 말을 했는지를 끝까지 조사하지 않았습니다. 그 대신에 곁에서 아첨하는 사람의 말만 믿고 어진 신하를 잡아 매단 다음 등에서 백 냥 가량의 살을 베어 내었습니다.

사람들은 그가 그런 말을 하지 않았다고 증언했습니다. 왕은 마음으로 뉘우치고 천 냥 가량의 살을 구해와 그의 등에 기워 주었습니다. 밤이 되자 그는 신음을 하며 매우 괴로워했습니다.

왕은 그 소리를 듣고 물었습니다.

"왜 그리 괴로워하는고. 너의 백 냥 가량의 살을 베고 그 열 배를 주었는데 그래도 만족하지 못하는가?"

그는 대답했습니다.

"대왕이 만일 아들의 머리를 베었다면 비록 천 개의 머리를 얻더라도, 아들의 죽음을 되돌릴 수 없는 것입니다. 저 또한 비록 열 배의 살을 더 얻었지만 이 고통을 면할 수가 없습니다."

자신을 다스릴 수 없는 자는 자유롭지 못한 사람이다. 자기 스스로가 정한 그 규칙과 법률을 따르는 것이야 말로 참된 자유의 생활이다.

사람은 누구나 역할이 다르다

아테네에서 제일 유명한 창녀가 소크라테스를 찾아왔습니다. 그때 소크라테스는 몇 젊은이들을 상대로 열심히 가르침을 펴고 있었습니다. 창녀는 소크라테스 주위를 둘러보고는 말했습니다.

"소크라테스님, 당신은 위대한 철인입니다. 그런데 왜 당신의 제자는 이렇게 적습니까? 나는 아테네 전 시민이 당신의 말에 귀를 기울이고 있는 줄 알았습니다. 소크라테스님, 아무리 당신의 주위를 둘러보아도 영향력 있는 아테네의 저명 인사들은 보이지 않는군요. 경찰관, 관료, 그리고 지식인들은 한 사람도 볼 수 없군요. 소크라테스님, 내 집에 오세요. 내 집에는 아테네의 모든 경찰관, 관료, 지식인들이 줄을 잇고 있는 걸 보게 될 것입니다."

소크라테스는 여자에게 말했습니다.

"여자여, 그대의 말이 옳소. 그대는 모든 사람의 종합적인 욕구를 만족시키고 있기 때문이오. 그러나 나는 그럴 능력이 없소. 나는 선택받은 몇 사람에게만 매력적이기 때문이오. 선택받은 몇 사람 이외에는 그 누구도 나의 향기를 느낄 수 없소. 오히려 그들은 피할 것이오. 나와 마주치게 된다 해도 그들은 나로부터 도망가 버릴 것이오. 그들은 나를 두려워하고 있소. 여자여, 그대의 향기와 나의 향기는 근본적으로 다르오."

그 창녀는 높은 지성을 가지고 있었습니다. 그녀는 소크라테스의 눈을 보았습니다. 그리고는 소크라테스의 발 아래 엎드려 말했습니다.

"소크라테스님, 나를 당신의 친구로서 받아주십시오."

그 후로 그녀는 소크라테스의 주위에서 결코 떠난 일이 없었습니다. 그녀는 위대한 영혼의 소유자였습니다. 그녀는 소크라테스의 가르침을 이해했습니다. 그러나 아테네는 소크라테스를 죽였습니다. 타성에 젖어 있던 그들의 눈에 소크라테스는 위험 인물로 보였던 것입니다. 소크라테스를 반대하는 사람들은 소크라테스를 여러 가지로 비난하고 있었습니다. 그들은 "소크라테스는 젊은 사람들의 신념을 파괴한다. 그는 젊은 사람들의 마음을 파괴하고 있다. 그는 무정부적이다. 그의 가르침대로 살아간다면 이 사회의 구조는 무너져 버릴 것이다. 소크라테스야말로 위험한 적이다."라며 그를 비난했던 것입니다.

감정은 늘 변할 가능성이 내포되어 있다

　우리의 감정은 고정적이지 않습니다. 금방 바뀔 수도 있습니다. 어느 누구에 대해 사랑의 감정으로 가득 차 있었다가 갑자기 그 사랑의 감정이 사라져 버리기도 합니다. 아직까지 그 누군가의 손을 잡고 있을지 모릅니다. 그러나 사랑의 마음은 이미 가 버리고 또 다른 마음이 됩니다.
　화가 나면 누군가를 죽이고 싶을 정도로 밉습니다. 그러나 조금 후가 되면 그 분노는 사라집니다. 조금 전까지만 해도 죽이고 싶었던 사람에게 연민을 느끼게 됩니다.
　우리의 마음은 수시로 바뀌는 것입니다. 늘 우리 마음은 계속적으로 이런 변화가 일어나고 있습니다. 우리는 순간의 선택을 잘해야 하겠습니다.

　어떤 여인이 있었습니다. 그는 처음으로 아들을 낳고 다시 아들을 낳으려고 다른 여자에게 물었습니다.
　"누가 나로 하여금 다시 아들을 두게 할까요?"

어떤 노파가 말했습니다.

"내가 능히 아들을 얻게 해 줄 터이니 하늘에 제사하게."

"그 제사에는 어떤 물건을 써야 합니까."

노파는 말했습니다.

"너의 아들을 죽여 그 피로 하늘에 제사를 지내면 반드시 많은 아들을 얻을 거네."

부인은 그 노파의 말에 따라 아들을 죽이려 했습니다.

그러자 옆에 있던 지혜로운 사람이 그것을 보고 꾸짖었습니다.

"어찌 그리도 어리석고 무지하오. 아직 낳지 않은 아이니 얻지 못할 수도 있는데, 그를 위해 살아 있는 아들을 죽이려 하다니!"

감정은 행동의 뒤를 따른다. 싫어도 무작정 시작을 하고 보라. 그러면 하고 싶다는 생각이 들기 시작할 것이다.

단순하게 생각해야 행복을 찾을 수 있다

　행복해지기 위해서는 따지고 설명하려는 마음을 버려야 합니다. 원시인들은 문명인들보다 훨씬 생명력이 넘칩니다. 동물들은 인간보다 훨씬 행복해 보입니다. 그들에게는 분석적인 마음이 없습니다. 분석적인 마음은 분열증의 원인입니다. 논리적으로 생각하면 할수록 두 마음 사이에는 점점 더 큰 괴리가 생기게 됩니다.

　논리적인 생각이 적어지면 그럴수록 왼쪽 마음과 오른쪽 마음은 점점 더 가까워질 것입니다. 그러므로 우리가 행복해지려면 마음을 단순화 시켜야 합니다. '왜'라는 물음과, 자꾸 분석하려는 마음은 우리를 더욱 갈등하게 만들고, 분열하게 만들어서 결국에는 불행하게 만드는 원인이 되는 것입니다.

　우리는 단순하게 생각하고 처리하는 것을 연습해야 할지도 모릅니다.

❖ ❖ ❖

　장자의 아들이 있었습니다.
　그는 바다에 들어가 여러 해 동안 물에 잠겨 있던 나무를 건져내어 수레에 싣고 집으로 돌아왔습니다. 그리고는 다시 그것을 시장에 내다 팔려고 했습니다.

그러나 값이 비싸 쉽게 사는 사람이 없었습니다.

여러 날이 지났습니다. 하지만 그는 나무를 팔지 못해 마음은 괴롭고 몸도 피로해졌습니다.

옆 사람이 숯을 파는데 당장 그 값을 받는 것을 보고 가만히 생각해 보았습니다.

'차라리 저걸 태워 숯을 만들어 빨리 그 값을 받는 것이 낫겠다.'

그는 그것을 태워 숯을 만들어 시장에 나가 팔았습니다. 그러나 반 수레의 숯 값밖에 받지 못했습니다.

행복한 사람은 남을 행복하게 만들어 줄 수 있다. 남을 복되게 해주면 자신의 행복도 한층 더한 것이다. 그리고 행복한 사람이란 자신이 하고 싶은 일을, 하고 싶은 때에 할 수 있는 사람이다.

문화인은 진정한 인간으로부터 멀어지는 것이다

　　　　문화적일수록, 문명적일수록 인간성을 잃어버리며 살게 됩니다. 인간성의 회복은 문명적이기보다는 원시적인, 살아 있는 사람에게 가능한 일입니다. 문화인이 되어 갈수록 우리는 기계적, 물질적인 인간이 됩니다. 그리고 마침내 기계화된 인간이 되어 대지의 젖줄에 이어진 생명의 뿌리를 잃어버리게 됩니다.

　우리는 왜 이 세상으로부터 멀리 떨어져 살려는 걸까요. 진정한 인간 존재를 찾기 위해서는 뿌리로 다시 내려가야 합니다. 비문화적이며 비문명적인 사람은 문화인들보다 살아 있는 이들입니다.

　한 도둑이 부잣집에 들어가 비단을 훔쳤습니다. 그것으로 낡은 베옷과 갖가지 재물을 샀습니다.

　　　불편함을 야기시키지 않는 오늘날의 문명에는 어떤 편익(便益)도 없다.

지금의 나를 버려야 새로움을 찾을 수 있다

　불가능하다는 말은 그런 일은 결코 일어날 수 없다는 말과는 다릅니다. 불가능하다는 말은 우리 자신이 완전히 변형되지 않는 한 결코 그런 일은 일어나지 않는다는 의미입니다. 만일 우리가 살아가고 있는 지금의 삶이 우리가 생각하기에 불만스럽다면 우리는 삶의 양식을 바꾸어야 합니다. 이러한 일을 우리는 새로운 인간으로 태어난다고 이야기합니다. 지금까지와는 완전히 다른 사람으로 태어나는 것은 어려운 일입니다. 하지만 불가능한 일만은 아닙니다.

　예수는 "사람이 만일 거듭나지 아니하면 구원을 얻지 못한다"고 말했습니다. 이는 육신의 부모에게 다시 들어갔다가 나오는 것을 의미하는 것이 아니라, 지금 이 상태에서 180도 돌아서서 완전히 새로운 삶의 방식을 갖는 것을 의미합니다. 새로운 사람이 된다는 건 우리가 아이였을 때 아무것도 몰랐던 것처럼 그 분야에서 완전히 무지한 상태에서 새로 시작하는 것을 의미합니다.

　지금의 나를 완전히 버리고, 새로운 한 인간으로 태어나는 것입니다. 새로운 자각으로 태어나는 것입니다. 파괴될 수 있는 것은 모두 파괴되고 파괴될 수 없는 것만이 남게 될 때, 우리 안에서 파괴시킬 수 없는 본질을 얻었을 때, 영원한 자각이 우리의 존재 안에서 깨어날 때 우리는 새로워진다고 말 할 수 있습니다.

❖❖❖

어떤 스승이 큰 잔치를 베풀기 위해 제자에게 말했습니다.

"질그릇을 구해 잔치에 써야겠구나. 지금 시장에 나가 옹기장이 한 사람을 일당을 주고 데려 오너라."

제자는 옹기장이 집으로 갔습니다.

마침 옹기장이에게는 질그릇을 나귀에 싣고 시장에 팔러 가다가 나귀가 모두 질그릇을 부숴 버리는 일이 생겼습니다. 그래서 그는 집에 돌아와 슬피 울면서 괴로하고 있었습니다.

제자가 그것을 보고 그에게 물었습니다.

"왜 그리 슬피 울고 계세요?"

그는 대답했습니다.

"나는 온갖 방법으로 여러 해 동안 고생한 끝에, 비로소 그릇을 만들어 시장에 내다 팔려 했지요. 그런데 이 나쁜 나귀가 잠깐 사이에 그 옹기를 모두 깨뜨려 버렸다오. 그래 괴로워하는 것이오."

제자는 그 말을 듣고 기뻐하면서 말했습니다.

"이 나귀야말로 참으로 훌륭하군요. 오랫동안 만든 것을 잠깐 사이에 모두 부숴 버리다니. 제가 이 나귀를 사겠습니다."

옹기장이는 기뻐하며 나귀를 팔았습니다.

제자는 그 나귀를 타고 집으로 돌아왔습니다. 스승이 물었습니다.

"너는 옹기장이는 데려 오지 않고 어찌해서 나귀만 데리고 온 것이냐?"

제자는 대답했습니다.

"이 나귀는 그 옹기장이보다 훌륭합니다. 옹기장이가 오랫동안 만든 질그릇을 이 나귀는 잠깐 사이에 모두 부숴 버렸답니다."

그때 스승은 말했습니다.

"너는 참으로 미련하고 어리석구나. 지금 이 나귀는 부수는 데는 뛰어나지만 백 년을 두어도 그릇 하나를 만들지는 못할 것이니라."

떳떳한 행동을 하라. 나쁜 행동을 하지 말라.
진리에 따라 행동하는 사람은 이 세상과 저 세상에서 편히 잠든다.

우리는 모두 각기 다른 개성을 지닌 특별한 존재이다

나라는 존재는 본질에 있어서 결코 줄거나 보태어지지 않습니다. 그러므로 우리는 누구에게 주눅들 필요도 없고, 또한 우쭐할 필요도 없습니다. 예컨대 우리는 변화무쌍한 구름이 아니라 늘 본질적으로 변함이 없는 하늘과 같은 존재입니다.

누군가 우리를 흰 구름이라 하든 검은 구름이라 하든 전혀 걱정할 이유가 없습니다. 우리의 본질은 결코 구름이 아니기 때문입니다. 그리고 우리는 이제 조그만 개울이 아니며, 한 잔의 물이 아닙니다. 한 잔의 물은 약간의 바람만 불어도 폭풍처럼 출렁거립니다. 그리고는 마침내 모두 쏟아져 버립니다. 조금의 물만 더 부어도 넘쳐 버리게 됩니다. 우리는 결코 한 잔의 물이 아니라 망망한 바다인 것입니다. 외부의 조건에 의해 보태지거나 감해지는 존재가 아닌 것입니다.

우리는 순간적인 존재가 아닙니다. 영원을 지향하는 존재입니다. 그러므로 표면에서 무슨 일이 일어나더라도 전혀 개의치 말아야 합니다. 그러므로 조급하게 생각하지 말고 여유 있게 생각해야 합니다. 이 세상에 있는 모든 것들은 우리의 표면적인 것을 협박하거나 변형시킬 수는 있을 것입니다. 하지만 우리의 내적인 본질은 변하지 않습니다. 우리의 본질을 바꿀 수 있는 분은 오직 조물주밖에 없습니다.

❖❖❖

어떤 어리석은 사람이 깨를 날로 먹었는데 맛이 없었습니다. 그래서 깨를 볶아 먹었더니 매우 맛이 있었습니다.

그는 이렇게 생각했습니다.

'차라리 볶아서 땅에 심어 키운 뒤에 맛난 것을 얻는 것이 좋겠다'.

그래서 그는 깨를 볶아서 심었습니다. 그러나 볶은 참깨에서 싹이 나지 않았습니다.

개성이란 꾸며진 것이 아니요 그냥 나타나는 것이기 때문에, 있는 그대로의 반사이며 의지의 표현이다.

이 세상의 모든 우주는 내 안에 있다

우리는 보이지 않는 신을 멀리서 찾고 있습니다. 너무 멀어서 안 보인다고 생각하고 있습니다. 그 사람에게 신은 아주 멀리 있습니다. 하지만 가까운 곳에서 신을 찾는 사람에게 신은 그의 아주 가까운 곳에 있습니다. 이 세상 모든 것은 자기 안에 있는 것입니다. 우리의 사고는 얼마나 넓은지 모릅니다.

자신의 세계, 드넓은 우주도 결국 자신의 사고 안에 있습니다. 그러므로 신은 가까이 여기는 이에게는 가까이에 있고, 부정하는 이에게는 보이지 않는 것입니다. 신은 우리를 만든 우리와 닮은 존재입니다. 그래서 신은 가장 평범한 실재이며, 우리의 근원입니다. 우리의 목적지입니다. 신은 바로 현존 속에 존재합니다. 우리의 현존은 바로 신의 현존인 것입니다. 우리가 보고 있는 상대가 신인 것입니다. 그리고 신은 상대가 되어 우리를 보고 있는 것입니다.

신은 마음도 아니요 몸도 아닙니다. 신은 신일 뿐입니다. 마음은 추상이요, 몸은 구상입니다. 몸은 형태가 있어 볼 수 있지만 마음은 미묘해서 포착하기 어렵습니다. 몸은 물질이요, 마음은 사념입니다. 그러나 존재의 내적인 신성은 몸도 마음도 아닙니다. 이 내적인 신성이 바로 초월이며 신입니다.

❖ ❖ ❖

어떤 사람이 불과 찬물이 필요했습니다. 그는 곧 세숫대야에 물을 담아 불 위에 두었습니다.

한참 뒤에 가보니 불은 전부 꺼졌고 찬물은 데워졌습니다. 그는 불과 찬물 두 가지를 모두 잃어버렸습니다.

사람은 어쩌면 우주를 알고 있을지 모른다. 그러나 자기는 모른다. 자기는 어떤 별보다도 더 멀리 있다.

우리는 존재의 감옥에 갇혀 있다

　우리는 철망이 없는, 아니 단지 보이지 않을 뿐인 울타리로 둘러 처진 세상이란 감옥에 갇혀 있는 죄수입니다. 우리는 이 감옥을 탈출하고 싶어 합니다. 이 감옥을 탈출하는 것은 물리적인 힘으로는 이뤄지는 것이 아닙니다. 우리가 이 감옥을 탈출하기 위해서는 우선 우리를 막고 있는 벽을 부숴야 합니다. 그 벽을 넘어야만 자유인이 되는 것입니다. 하지만 그 벽은 보이지 않는 벽입니다. 그것은 우리 자신이 만들어 놓은 마음의 벽이기 때문입니다.
　이 감옥 밖에 있는 사람들은 우리에게 간접적인 도움을 줄 수 있습니다. 그것은 우리가 그 외부에 있는 타인의 말에 공감하고 그쪽을 돌아보는 일입니다. 그런 사람은 우리보다 먼저 마음의 감옥을 나온 이들입니다. 그는 목사일 수도 있고 스님일 수도 있습니다. 우리는 그래서 진정한 마음의 스승을 필요로 하는 것입니다.
　이 존재의 감옥을 탈출하는 데 필요한 것들을 그들은 우리에게 제공해 줍니다. 그들은 우리가 마음의 감옥 속에서 할 수 없는 일을 해 줄 수 있습니다. 그들은 마음의 자유를 얻은 이들이기 때문입니다. 그러므로 존재의 감옥으로부터 나와서 영혼의 잠을 깬 사람과 교류하는 일은 중요합니다.

  하지만 그들은 우리에게 길이나 방법을 알려줄 뿐 우리의 자유를 찾아주지는 않습니다. 우리가 이 존재의 감옥에서 벗어나는 일은 순전히 우리의 몫입니다. 우리는 일상의 관습과, 타율에서 벗어나 본래의 나를 찾아야 합니다. 이 세상에서 가장 소중한 존재는 자신이기 때문입니다.

❖ ❖ ❖

  어떤 사람이 왕의 환심을 사려고 다른 사람에게 물었습니다.
  "어떻게 하면 왕의 환심을 살 수 있을까요?"
  그 사람이 말했습니다.
  "왕의 환심을 사려거든 왕의 형상을 본받으시오."
  그는 왕궁에 가서 왕의 눈이 실룩거리는 것을 보고 그것을 본받아 똑같이 눈을 실룩거렸습니다.
  왕이 물었습니다.
  "너는 무슨 눈병에 걸렸느냐. 혹은 바람을 맞았느냐. 왜 눈을 실룩거리는고?"
  그는 이렇게 대답했습니다.
  "저는 눈병을 앓지도 않았고 또 바람도 맞지도 않았습니다. 다만 왕의 환심을 사려고 그것을 본받은 것입니다."
  왕은 이 말을 듣고 곧 크게 화를 내어 사람을 시켜 온갖 벌을 준 뒤에 그를 나라에서 쫓아내 버렸습니다.

  마음이 어지러워 즐거움만 찾으면 스스로 제 몸의 감옥을 만든다.

젊은 마음을 소유해야 삶을 변화시킨다

　우리의 연령이 어떠하든지 우리는 젊은 영혼을 간직해야 합니다. 노쇠한 마음은 변화를 두려워합니다. 도전을 두려워합니다. 오로지 타성에만 젖어 있습니다. 그러므로 우리는 젊은 마음을 간직해야 합니다. 젊은 마음의 소유자만이 살아 있는 목소리에 매료될 수 있기 때문입니다. 젊은 마음이라야 새로운 것에 도전할 수 있는 용기를 가지고 있기 때문입니다.
　소크라테스를 따랐던 모든 이들은 젊은이였습니다. 늙고 타락한 마음은 결코 소크라테스의 말에 귀를 기울일 수 없었습니다. 소크라테스는 "몸은 늙었을지 모른다. 그러나 늙은 사람들이 나에게 온다면 그들의 영혼은 아직 젊다는 증거다. 그들은 아직도 새로운 것을 배울 수 있고 이해할 수 있는 젊음을 가지고 있다. 그렇다. 늙은 개를 새로운 장난감으로 길들인다는 것은 퍽 어려운 일이다. 늙은 개는 낡은 옛 장난감을 알고 있기 때문이다. 늙은 마음은, 이미 틀이 잡혀 버린 마음은 길들이기가 어렵다."라고 했습니다.
　마음이 늙으면 아집이 생기기 마련입니다. 남의 말에는 귀를 기울이려 하지 않습니다. 정치가 제대로 되지 않는 것도 마음이 늙은이들의 아집과 독선 때문인지도 모릅니다.

　우리는 젊은 마음으로 삶을 변화시키고 새로운 것에 도전할 수 있는 용기를 가져야 하겠습니다.

❖ ❖ ❖

　어떤 사람이 왕에게 매를 맞았습니다. 그는 매맞은 상처를 빨리 고치려고 거기에 말똥을 발랐습니다.

　어떤 어리석은 사람이 그것을 보고 매우 기뻐하면서 말했습니다.

　"나는 확실히 치료하는 방법을 배웠다."

　그리고는 곧 집으로 돌아가 아들에게 말했습니다.

　"너는 내 등을 쳐라. 좋은 치료법을 얻었는데 지금 시험해 보리라."

　아들은 아버지의 등을 쳤습니다.

　그러자 그는 거기에 말똥을 바르고는 의기양양해 했습니다.

마음이 어지러워 즐거움만 찾으면 음욕을 보고 깨끗하다 생각하여 욕정은 날로 자라고 더하니 스스로 제 몸의 감옥을 만든다.

우리가 잠든 순간에도 시간은 흐른다

　　우리는 왼쪽에서 오른쪽으로 옮겨갈 수 있습니다. 또한 오른쪽에서 왼쪽으로 옮겨갈 수도 있습니다. 하지만 이 반대 방향으로의 움직임은 아무런 변형도 주지 않습니다. 우리는 시계추와 같을 뿐입니다. 왼쪽으로부터 오른쪽으로 오른쪽으로부터 왼쪽으로 끊임없이 움직일 뿐입니다. 시계추가 오른쪽으로 가는 순간 그 시계추는 다시 왼쪽으로 갑니다. 왼쪽에 도달하는 순간 그 시계추는 다시 오른쪽으로 갑니다.

　　이 움직임이 계속되는 동안 시간은 흐릅니다. 중도에의 의미는 이 시계추가 오른쪽으로도 왼쪽으로도 움직이지 않고 그 왼쪽과 오른쪽의 중간 지점에 정지해 있는 것입니다. 이때야 비로소 시간은 멈춥니다. 거기에는 더 이상 시간이 없습니다. 이것이 바로 시간이 없는 경지입니다.

　　중도는 초월이 일어나는 그 중심점입니다. 그 중도에 대해서 명상해야 합니다. 그리고 머리가 아니라 우리의 삶 속에서 그것을 주시해야 합니다. 돈을 향해서 치달리는 자는 오직 돈만이 그의 신이 되는 것입니다.

❖❖❖

어떤 사람이 있었습니다. 그 부인은 매우 아름다웠으나 코가 흉하게 생겼습니다.

그는 밖에 나가 남의 부인의 얼굴 아름답고 그 코도 매우 예쁜 것을 보고 이렇게 생각했습니다.

'지금 저 코를 베어다 내 아내의 얼굴에 붙이면 좋겠다.'

그는 곧 남의 부인의 코를 베어 가지고 집으로 돌아와 급히 부인을 불렀습니다.

"당신 빨리 나오시오. 당신한테 좋은 코를 주리다."

아내가 나오자 그는 곧 아내의 코를 베어 내고 남의 코를 그 자리에 붙였습니다. 그러나 코는 붙지 않았습니다. 그는 아내의 코만 잃어버리고 아내에게 큰 고통을 주게 되었습니다.

평범한 사람들은 시간을 어떻게 소비할까 생각하지만 지성인은 시간을 어떻게 사용할까 궁리한다. 한 자나 되는 구슬을 보배로 여기지 말고, 한 치의 시간을 다투라.

객관성은 중도에 서 있어야 가능하다

돈을 신으로 숭배하는 사람들이 있습니다. 그러나 어느 날엔가는 그 돈의 신은 무너져 버릴 것입니다. 돈은 결코 만능의 것이 아닙니다. 돈을 그렇게 생각하는 것은 환상에 지나지 않습니다. 어느 날 돈은 진정한 신이 아니라는 것을 마침내 알게 될 것입니다. 그러면서 우리는 돈이 우리 삶의 전부가 아니라는 것을 깨닫게 될 것입니다.

우리는 어떤 욕구를 다른 욕구로 바꿀 수 있습니다. 우리는 지금 너무나 세속적인지도 모릅니다. 세속적인 것은 세속적인 것입니다. 초월적인 것도 역시 세속적인 것입니다. 돈에 혈안이 된 것도 돈에 사로잡힌 것입니다. 돈을 싫어하는 것도 역시 돈에 사로잡힌 것입니다. 돈의 힘을 갈구하는 것도 어리석은 짓입니다. 그 돈의 힘으로부터 도피하려는 것도 역시 어리석은 짓에 지나지 않습니다. 이 두 개의 극과 극을 지양하고 그 중간 입장에 서게 될 때 비로소 지혜가 무엇이라는 것을 알게 될 것입니다.

❖❖❖

어떤 가난한 사람이 남의 품을 팔아 굵은 베옷 한 벌을 사 입었습니다.

이웃 사람이 그에게 말했습니다.

"당신은 단정한 귀족의 아들인데, 왜 이런 낡고 굵은 베옷을 입었소? 당장 당신에게 훌륭하고 아름다운 옷을 얻을 수 있는 방법을 가르쳐 드릴 터이니 내 말을 따르시오. 나는 결코 당신을 속이지 않을 것이오."

그는 기뻐하면서 그의 말을 따르기로 했습니다. 그 사람은 그 앞에서 불을 피워 놓고 말했습니다.

"지금 그 추한 베옷을 벗어 이 불 속에 던지시오. 그것이 탄 곳에서 훌륭하고 아름다운 옷을 얻도록 하겠소."

그는 입었던 옷을 벗어 불 속에 던졌습니다. 그러나 그것이 탄 자리에서 아무리 좋은 옷을 찾으려고 해도 얻을 수가 없었습니다.

정열에 져서 객관성을 잃지 않도록 하기 위해서는 결국 예의를 아는 사람이면 된다. 그러나 객관성 때문에 정열을 잃지 않도록 하기 위해서는 윤리적 의지만으로는 안 된다.

생각은 우리 자신이 만들어낸 환영이다

서로 반대되는 것을 하나로 연결하는 것은 서로 상반되는 양극점을 하나로 조화시키는 것입니다. 초상집에 가면 누구나 슬픔을 느낄 것입니다. 그곳에서 기뻐하기란 어려운 일이며, 기뻐해서도 안 됩니다. 그곳에는 소멸과 죽음이라는 인간의 한계상황이 있는 곳이기 때문에 슬픈 것입니다.

하지만 우리는 결혼식에 가면 기쁨을 느낄 수 있어야 합니다. 기쁨이라고 생각하는 것은 모두 우리 자신이 만들어낸 환영에 지나지 않습니다. 하지만 슬픔의 장소에서, 그러한 상황에 처해서도 우리는 기쁨을 발견해야 합니다. 그런 곳에서 기쁨에 넘칠 수 있다면 진정한 기쁨이 무엇이라는 것을 우리는 알게 될 것입니다. 이제 어느 곳에서든지 우리는 기쁨으로 가득 차 있게 될 것입니다. 죽음 속에서나 삶 속에서나, 그리고 탄생에서나 죽어 가는 속에서나, 이 세상 어느 곳에서나 우리는 기쁨으로 가득 차 있게 될 것입니다.

이는 모든 것을 사랑할 때 가능한 일입니다. 사랑이라는 씨앗이 마침내 꽃으로 피어나서 향기를 내뿜는 절정, 사랑은 축제며 기쁨입니다. 이것은 결코 심각하고 고민하는 것은 아닙니다.

❖ ❖ ❖

양을 치는 사람이 있었습니다.

그는 양을 잘 키워 양이 무려 천만 마리나 되었습니다. 그러나 매우 탐욕스럽고 인색하여 다른 데에는 쓰지 않았습니다.

그때 간사한 사람이 계교를 갖고 그 사람을 찾아가서 말했습니다.

"나는 지금 당신과 아주 친해 한 몸이나 다름이 없소. 나는 어떤 집에 예쁜 여자가 있는 것을 알아요. 당신을 위해 주선할 테니 아내로 맞이하는 것이 좋을 것이오."

양치는 사람은 이 말을 듣고 매우 기뻐하여 곧 많은 양과 온갖 재물을 주었습니다.

그 사람은 다시 말했습니다.

"당신 아내가 오늘 아들을 낳았다오."

양치는 사람은 아직 그 아내도 보지 못하였는데 벌써 아들을 낳았다는 말을 듣고 매우 기뻐하며 또 그에게 재물을 주었습니다.

그 후 그 사람은 또 그에게 이렇게 말했습니다.

"당신 아들이 태어났는데 그만 죽었소."

양치는 사람은 그 말을 듣고 무척이나 슬피 울었습니다.

자신이 생각한 대로 실행하지 않으면 안 된다. 그렇지 못하면 자신이 살아온 대로 생각이 바뀌게 되어버린다.

새것과 헌것은 한 틀에 있어선 안 된다

뭔가 새로운 제도를 만들고 나면 우리는 옛것은 버리게 됩니다. 새로운 물건을 사게 되면 지나간 것은 버리게 됩니다. 지나간 것은 이미 구식이고 사용하기가 불편하기 때문입니다. 때로는 지나간 사람을 잊기 위해 새로운 사람을 만나기도 합니다. 이는 과거에 대한 애착에서 벗어나기 위함입니다. 깨끗이 잊어버리기 위해서입니다. 과거에 대한 모든 애착을 버리고, 과거를 완전히 망각해 버리는 것입니다. 그래야 우리는 새로운 희망과 새로운 행복을 갖게 되는 것입니다.

모든 인간은 여자로부터 태어났음을 굳게 믿습니다. 그러므로 위대한 사람들은 그가 성적으로는 남성이라 할지라도 모성애를 가진 여성의 본능과 같은 자애로운 성격을 갖고 있음을 알게 됩니다. 실제로 모든 성인들은 아버지이기보다는 어머니의 마음에 가깝습니다. 그들은 하나같이 여성적인 에너지를 갖고 있습니다. 여성은 우아하고 아름다운 곡선과 신비로움을 갖고 있습니다. 여성적인 눈은 신비롭습니다. 진정 위인의 눈에는 남성적인 침략성은 전혀 보이지 않습니다.

마리아의 상, 관음보살 상이 여성의 모습을 하고 있는 것도 그 하나의 상징입니다. 여성적인 에너지는 남성의 몸에 담겨 있을지도 모릅니다. 새로운 영혼의 탄생은 여성적인 에너지를 통해서만 가능합니다. 남성적인 에너지는 공격과 침략의 기능을 가지고 있습니다. 그 공격성과 침략의 에너지를 통해서는 새로워질 수 없습니다. 강한 것은 영원할 수 없습니다. 부드러움과 아름다움만이 영원할 수 있습니다.

❖ ❖ ❖

두 사람의 장사꾼이 함께 장사하러 갔습니다. 한 사람은 순금을 팔고 다른 사람은 툴라는 솜을 팔았습니다.

금을 사려는 사람이 시험하기 위해 금을 불에 태웠습니다. 다른 장사꾼은 곧 불에 달궈진 금을 훔쳐 툴라 솜으로 싸서 숨겼습니다. 금이 뜨거웠기 때문에 솜은 모두 타버리고 그 때문에 금을 훔친 사실이 탄로 나서 그는 두 가지를 모두 잃어버리고 말았습니다.

사람들이여, 상처를 주지 말라! 그것은 뾰족한 손톱이 어떤 질기고 아름다운 옷감에 흠을 낸 것과 비슷하다. 있는 정성과 인내를 다하여 짜집기 하여도 그 흠은 완전히 없어지지 않고 새것처럼 되지 않는다. 쩨맨 자리는 항상 눈에 띄게 마련이다.

우리는 삶에 있어서 관객이 아니라 출연자이다

우리는 삶에 있어서 관객이 되어선 안 됩니다. 우리는 이 세상의 방관자가 아닙니다. 우리는 이 세상이란 무대에 연습없이 실제로 뛰어들어야 하는 배우입니다. 또한 우리는 경기장에 관객으로 있는 것이 아니라 경기에 임해야 하는 선수로 있어야만 합니다. 우리는 이 세상에서 다른 사람의 경험을 간접적으로 느끼는 것이 아니라 스스로 경험해야 합니다. 그 속으로 들어가서 우리 자신을 단련시켜야 합니다.

우리는 이제 관객이 아니라 선수라는 마음의 변화를 가져야 합니다. 자신 속에서 관객으로 머무르려는 나약한 자신을 깨끗이 잊어버려야 합니다. 관객이 아니라 참가자로서 존재 전체가 문제 속에 깊이 들어갈 때 삶의 진정한 의미를 깨닫게 될 것입니다. 그러나 방관자로 서 있는 사람에게는 문제를 이해시킬 수 없습니다. 참가자의 차원과 방관자의 차원은 이미 다르기 때문입니다.

❖❖❖

어느 국왕에게 좋은 나무 한 그루가 있었습니다. 그것은 키가 크고 가지가 무성하여, 장차 열매를 맺으면 향기롭고 맛있을 것 같았습니다.

그때 왕이 어떤 사람에게 말했습니다.

"이 나무는 장차 맛있는 열매를 맺을 것이니라. 그대는 그것을 먹어보지 않으려는가."

그는 이렇게 대답했습니다.

"이 나무는 크고 넓어 아무리 열매를 먹고 싶어도 얻을 도리가 없겠군요."

어리석은 왕이 다시 말했습니다.

"어떻게 하면 열매를 딸 수 있겠는가?"

그는 대답했습니다.

"방법은 단 한가지 나무를 베어 열매를 따고 나무를 다시 세우는 것이지요."

얼마 후 탐스러운 열매가 익었습니다. 그래서 왕은 그 열매를 얻으려고 나무를 베었습니다. 그러나 잘익은 열매들은 뭉그러지고 터져서 아무것도 얻을 수 없었습니다. 그는 다시 나무를 세우려 했습니다. 하지만 나무는 이미 죽어버렸기 때문에 살아날 수가 없었습니다.

당신은 수많은 별들과 마찬가지로 거대한 우주의 당당한 구성원이다. 그 사실 하나만으로도 당신은 자신의 삶을 충실히 살아가야 할 권리와 의무가 있다.

부차적인 것은 화려해도 본질을 능가하지 못한다

어떤 것을 설명할 때 그 전체를 설명하기란 사실 불가능합니다. 진리 전체를 나타낼 수 있는 언어는 존재하지 않기 때문입니다. 진리 전체를 말하고자 한다면 언어는 자기 모순에 빠질 것입니다.

하늘에는 구름과 하늘이 있습니다. 구름은 흘러가고 흘러오지만 그러나 하늘은 결코 가지도 오지도 않습니다. 구름은 한시도 머물지 않고 이동합니다. 구름은 시간의 현상입니다. 순간을 뜻합니다. 그러나 구름 뒤에는 언제나 하늘이 있습니다. 하늘은 시간을 넘어선 현상, 바로 영원을 뜻합니다. 구름은 결코 하늘을 더럽힐 수 없습니다. 하늘은 그 자체의 순수성과 처녀성을 가지고 있습니다. 구름이 아무리 흘러가고 흘러온다 하더라도 하늘에는 그 흔적이 남지 않습니다.

이처럼 존재하는 것에는 두 가지 현상이 있습니다. 구름과 같은 면과 하늘과 같은 부분이 그것입니다. 우리의 행위는 구름과 같습니다. 시시각각 변하고 있습니다. 그러나 그 행위자로서의 우리 자신은 하늘과 같습니다. 결코 가거나 오지 않습니다. 탄생과 죽음은 구름의 현상에 불과합니다. 그들은 일었다가 사라지지만 우리 자신은 결코 태어나지도 않았으며 죽지도 않습니다. 우리 자신은 언제나 지금, 여기에 있습니다.

❖❖❖

어떤 동네가 있었는데, 그 동네는 궁전에서 200리 가량 떨어져 있었습니다. 그 동네에는 좋은 물이 있었습니다. 왕은 동네 사람들에게 명해 날마다 그 물을 궁전으로 보내도록 했습니다.

동네 사람들은 몹시 괴로워하며 차라리 그 곳을 피해 멀리 떠나려 했습니다.

그러자 마을의 촌장은 사람들에게 말했습니다.

"떠나지들 마시오. 내가 여러분들을 위해 왕에게 아뢰어, 200리를 120리로 고쳐 여러분이 다니기 쉽고 고단하지 않게 하리다."

그는 곧 왕에게 아뢰었습니다. 왕은 촌장의 청대로 200리를 120리로 고쳤습니다. 사람들은 이 소식을 듣고 매우 기뻐했습니다.

어떤 사람이 그들에게 말했습니다.

"그렇지만 그것은 여전히 본래의 200리에서 아무것도 달라진 것이 없습니다."

그러나 그들은 왕의 말을 믿었기 때문에 끝내 그곳을 떠나지 않았습니다.

근원이 깨끗하고 맑으면 그 흐름도 깨끗하고 맑다. 근원이 흐리고 탁하면 그 흐름도 흐리고 탁하다. 모든 것은 근본을 바르게 해야 하는 것이다. 위가 바르면 아래는 저절로 바르게 되는 것이다.

구름은 늘 다른 모습을 갖는다

구름은 희고 아름다울 때도 있고 어둡고 음침할 때도 있습니다. 비를 가득 머금은 때도 있고 물기 하나 없을 때도 있습니다. 어느 때는 풍년과 신록을 가져오지만, 또 어느 때는 파괴와 홍수를 불러오기도 합니다. 그러나 하늘은 언제나 그대로 존재합니다. 더럽고 깨끗하고 신성하고 속된 구름장들이 결코 하늘을 더럽힐 수 없습니다.

행위는 구름입니다. 그러나 하늘은 존재 그 자체입니다. 자각에의 방향 전환이 필요할 뿐입니다. 형태의 변형만이 필요할 뿐입니다. 우리는 구름을 보려 하고 있습니다. 구름에 초점을 맞추고 있기 때문에 하늘을 잊어버린 것입니다. 하늘을 기억하게 되면 초점을 하늘에 두게 됩니다. 그러면 구름이 일시적인 것임을 알게 될 것입니다. 그러면 우리의 차원은 완전히 바뀔 것입니다.

초점의 이동만으로 세계가 달라져 보이는 것입니다. 행위를 주시할 때 우리는 구름에 초점을 맞추게 됩니다. 그러나 인간 존재의 심연, 그 순수를 주시할 때 우리는 구름이 아니라 하늘에 초점을 맞추게 됩니다. 존재의 심연, 그 순수를 주시하게 되면 불순함은 어디에도 보이지 않습니다. 모든 존재는 그대로 순수하기만 합니다. 그러나 행위만을 주시하게 될 때 우리는 더 이상 순수를 보지 못하게 됩니다.

❖ ❖ ❖

어떤 사람이 빚을 많이 졌지만 갚을 방법이 없었습니다.

그래서 그는 그곳을 피해 아무도 없는 곳으로 도망쳤습니다. 그때 그는 보물이 가득한 상자를 보았습니다. 그 보물상자 위에는 거울이 있었는데 그 거울은 보물을 덮고 있었습니다. 가난한 사람은 매우 기뻐하며 그것을 열려고 했습니다. 그 순간 거울 속에 사람의 모습이 보였습니다. 그는 매우 놀라 두려워하며 합장하고 말했습니다.

"나는 상자에 아무것도 없다고 생각했는데 그대가 여기에 있는 줄은 몰랐소이다. 성내지 마시오."

들판 위로 내리는 비가 산 위로 나타나는 구름과 다르듯이, 어떤 사람이 노출시키는 면은 그가 감추고 있는 면과 다르다.

우리에게 가장 완전한 것은 내면의 세계이다

　우리 존재의 내면은 완전무결합니다. 나쁜 행위를 해서 죄인이 되었다 해도 존재의 내면은 깨끗한 채로 있습니다. 선행을 했다고 해도 우리의 내면에는 불어나거나 더해진 것이 조금도 없습니다. 나는 어디까지나 나로서 영원히 남아 있는 것입니다. 시간이 흘러도 그 시간에 상관없이 그대로 남아 있는 것이 우리의 내면입니다.
　우리 인간에게 더 보탤 것은 아무것도 없으며, 삭제해 버릴 것도 없습니다. 우리의 내적 본질은 완전한 상태로 존재하는 것입니다. 인간은 보다 아름답게 만들 수도 없으며 보다 추하게 만들 수도 없습니다. 또한 보다 풍부하게 만들 수도 없으며, 보다 가난하게 만들 수도 없는 것입니다.
　우리의 내적 본질은 바다와 같은 것입니다. 그래서 인간은 무한히 아름다울 수 있습니다. 인간은 또한 무한히 추해질 수도 있습니다. 그러나 인간의 본질은 변하지 않는 것입니다. 우리에게 보여지는 악행이나 선행은 인간의 내적인 본질의 변화가 아니라 그 피상적인 변질에 불과 합니다. 우리는 결국 삶의 문제와 죽음의 문제라는 본질에서 벗어날 수 없습니다. 또한 우리의 양심은 변하지 않는 것인데 우리 스스로 변한 것처럼 생각할 뿐입니다. 그러므로 언제든지 그것은 다시 처음의 상태로 돌아갈 가능성을 갖고 있습니다.

❖❖❖

어떤 사람이 산에 들어가 도를 배우고 다섯 가지 신통을 얻었습니다. 그래서 그는 신통력으로 땅 속에 묻혀 있는 온갖 것과 갖가지 보배를 환히 볼 수 있었습니다.

국왕이 이 소문을 듣고 매우 기뻐하며 어리석은 대신에게 말했습니다.

"어떻게 하면 저 사람이 다른 곳으로 가지 않고 항상 우리 나라에 머물면서 내 창고에 많은 보물이 쌓이게 할 수 있을꼬."

이 말을 들은 어리석은 대신은 그 사람이 있는 곳으로 가서 그의 두 눈을 뽑아 왔습니다. 그리고는 왕에게 아뢰었습니다.

"신이 그의 눈을 뽑아 왔나이다. 그는 어디로 가지 못하고 항상 이 나라에 있을 것입니다."

왕은 그 대신에게 말했습니다.

"그 사람을 여기 있게 하려는 까닭은 땅 속에 묻혀 있는 모든 것을 보려고 한 것인데, 네가 지금 그의 눈을 뽑았으니 어떻게 그가 모든 것을 볼 수 있겠는가."

너의 내면을 살펴 보라. 마음속에는 착한 마음의 샘이 있다. 그 샘은 아무리 길어 내어도 결코 마르지 않는다.

배움은 자기 합리화에 이용되어선 안 된다

"인간이 진정으로 구원을 얻으려면 백 년 동안 모든 대학의 문을 닫아버려야 합니다. 대학을, 학교를 완전히 없애버려야 합니다."라고 로렌스는 말했습니다. 교육이란 다른 말로 바꾸면 세뇌라고 말 할 수 있습니다. 이 교육은 인간을 지능적인 사기꾼으로 만듭니다. 배우면 배울수록 속임수의 단계가 높아질 뿐입니다. 자신의 세상에 대한 지식으로 자신보다 깨이지 못한 민중들을 속이는 것입니다. 배움이란 것은 자기 논리를 합리화시키는 일입니다. 그래서 자기 논리를 제대로 갖지 못한 이들을 그럴듯하게 속여서 자기 합리화와 자기 영역을 넓혀 가는 것입니다.

석가모니는 '존재의 자각이 뒤따를 때 자비심은 훌륭하다. 자각이 없는 자비심은 위험하다. 또한 자비심 없는 자각은 이기주의에 지나지 않는다. 완전한 붓다는 이 양자를 모두 지녀야 한다.'고 말했습니다.

배움이란 지식을 축적하는 것으로 만족해선 안 됩니다. 많은 지식이 있어도 인간의 도리와 인간 존재에 대한 깨달음이 없다면 그는 어리석은 사람입니다. 진정한 배움은 지식이 없어도 괜찮습니다. 나와 타인과 우주의 조화를 어떻게 이루어 나가야 하는지를 고민하고 그 바탕

위에서 자기 사랑과 타인 사랑, 우주에 대한 사랑을 갖는 일입니다.

❖ ❖ ❖

어떤 사람이 250마리의 소를 갖고 있었습니다. 그는 항상 풀 있는 곳으로 소를 몰고 가 때를 맞춰 먹였습니다.

어느 날 호랑이가 와서 소 한 마리를 잡아먹었습니다. 그는 이렇게 생각했습니다.

"이미 한 마리를 잃었으니 이제 완전한 것이 못 된다. 이 소를 어디다 쓰겠는가."

이렇게 생각한 그는 곧 깊은 구덩이로 소를 몰고 가서 모두 구덩이에 몰아넣어 죽여버렸습니다.

이치를 똑똑히 알아 그것을 실천하는 사람은
게으르지 않음을 기뻐하고 성인의 경지를 즐기리라.

이 세상은 무지개와 같은 잠깐의 환영이다

　이 세상은 우리가 소멸될 때 보이지 않는 환영에 불과합니다. 우리의 눈에 일시적으로 보이는 것은 환영에 불과합니다. 우리 자신의 몸과 마음에 의해서 창조된 이 세계란 환영에 지나지 않습니다. 그것은 아름답게 나타납니다. 그러나 나타나 보일 뿐이지 실제는 아닙니다.
　이 세상은 무지개와 같습니다. 무지개처럼 아름답고 갖가지 색깔로 물들어져 있지만 가까이 다가가면 사라져버립니다. 무지개를 잡으려고 아무리 뛰어가 봐도 손에 잡히는 것은 아무것도 없습니다. 무지개는 환영인 것입니다. 그러나 우리는 지금 꿈 속에 취해 있기에 그것이 환영이라는 것을 모르고 있습니다.
　오직 깨달음을 통해서만, 영혼의 자각을 통해서만 환영임을 느낄 수 있습니다. 그때 우리는 알게 될 것입니다. 무엇이 환영이며 무엇이 진리인가를 분명히 알게 될 것입니다. 그 속에서의 행복도 환영이요, 고통 또한 환영인 것입니다.

❖ ❖ ❖

　어떤 사람이 길을 가다가 목이 말라 나무통에 맑은 물이 흐르는 것을 보고 실컷 그 물을 마셨습니다.
　그는 물을 실컷 마시고는 손을 들고 나무통에게 말했습니다.
　"이제 나는 실컷 마셨으니 물아, 다시 나오지 말아라."
　하지만 물은 여전히 흘러나왔습니다. 그는 화를 내며 다시 말했습니다.
　"이제 질리도록 마셨으니 다시 나오지 말라고 했는데 왜 여전히 나오는 거야."
　지나가던 사람이 그에게 말했습니다.
　"당신은 참으로 어리석군요. 왜 당신이 떠나지 않고 물을 나오지 말라고 하십니까?."
　그리고는 곧 그를 다른 곳으로 끌어다 놓고 떠나버렸습니다.

　우리가 직면한 가장 중요한 문제는 죽음 뒤에 우리의 삶이 어떻게 되는가 하는 것이다. 죽음 뒤에 영원한 삶이 있다고 믿어라. 그래야 참된 삶을 살 것이다. 그러므로 우리들은 우리의 인생은 영원하다는 것을 발견하여 영원한 것에 전력을 다하여야 한다.

인류 역사는 사소한 경험들의 축적물이다

　좀더 생각하는 삶을 살면 살수록 우리는 우리의 삶은 무한한 탐구의 대상임을 알게 됩니다. 우리의 삶은 그 깊이를 측량할 수 없는 심오함을 가지고 있습니다. 우리는 살아가면서 많은 경험을 하지만 그 경험은 우리 삶의 아주 일부입니다. 인류 역사는 그 경험들의 역사입니다. 그리고 그 축적되고 발견되는 것들은 우리 이후에도 계속 되어질 것입니다.

　삶의 깊은 심연에는 실재하지만 발견되지 않는 것들이 얼마든지 존재하고 있다는 것을 알게 될 것입니다. 우리의 의식이 자각하면 할수록 우리는 이 보이지 않지만 실재하는 세계를 더 많이 느끼게 됩니다. 이 세계는 별, 돌, 나무, 산과 같이 보여지는 현상의 세계를 말하는 것이 아닙니다. 우리의 주관, 우리의 마음을 통해서 투영된 세계를 말합니다.

　이 투영의 세계는 우리 자신의 사고와 욕망이 사라질 때, 그래서 영혼이 깊은 잠에서 깨어날 때, 사념의 구름이 벗겨질 때 보여지는 세계입니다. 우리는 그때에 비로소 그 깨달음의 세계를, 실제의 세계를 보게 될 것입니다. 그래서 우리에겐 종교가, 명상의 세계가 존재하는 것입니다.

❖ ❖ ❖

어떤 사람이 남의 집에 가서 그 집 벽을 바르는 것을 보았습니다. 그 벽은 편편하고 깨끗하여 보기가 아주 좋았습니다.

그는 물었습니다.

"진흙에 무엇을 섞어 바르기에 그처럼 좋은 건가요?"

주인은 대답했습니다.

"벼와 보리를 물에 푹 담가 두었다가 그것을 진흙에 섞어 벽을 바르면 이렇게 되지요."

어리석은 사람은 이렇게 생각했습니다.

'벼와 보리를 섞어 쓰는 것보다 벼만 쓰면 벽이 희고 깨끗하겠군. 진흙도 고루 묻을 것이고 말야.'

그는 곧 벼를 진흙에 섞어 벽에 바르고는 편편하고 고르게 되기를 기다렸습니다. 그러나 도리어 벽은 모두 갈라졌습니다.

결국 그는 벼만 버리고 아무 이익도 얻지 못했습니다.

역사를 읽는 것은 즐거운 일이다. 그러나 그보다 더 마음이 끌리고 흥미 있는 것은 역사를 만드는 데 참여하는 일이다.

우리는 오늘도 신기루를 따라가고 있다

　　많은 사람들은 신기루 같은 목적지를 향해서 그들 자신을 휘몰아가고 있습니다. 그들은 그들 자신의 자연적인 운명을 상실하고 있는 것입니다. 그들의 삶의 이유는 오직 목적지를 향해 돌진하는 데 있을 뿐입니다. 이것이 수많은 좌절과 실패, 그리고 불행이 존재하게 되는 원인이 됩니다. 무엇을 하든 내적 본질에 만족을 줄 수 없기 때문입니다.

　이 때문에 사람들은 살아가고 있지만 그것은 살아 있는 삶이 아닙니다. 그들은 마치 죄수처럼, 자신이 만든 쇠사슬에 묶여 끌려가고 있는 것입니다. 그들의 동작에는 자유가 없습니다. 그들의 동작은 더 이상 춤이 아닙니다. 그들은 그들 자신과 끊임없이 싸우고 있습니다.

　목적을 정해 놓은 삶은 마치 전쟁과 같습니다. 우리는 원하지만 그 순간 우리의 종교는 그것을 금지시킵니다.

　우리 자신이 원하는 대로 살고자 하지만 사회는 그것을 금지합니다. 우리는 그 길을 가고자 합니다. 그 길을 감으로써만 우리 자신이 뜻한 바를 이룰 수 있다는 것을 알고 있습니다. 그러나 모든 사람들이 그것에 반대하고 있습니다.

다른 사람들의 충고만 듣는다면 우리의 삶은 공허와 실패의 연속이 될 것입니다. 그렇다고 우리의 삶이 무엇인지도 모른 채 살아 갈 수는 없습니다. 우리는 신기루 같은 과대 망상적인 목적을 설정할 것이 아니라 실현 가능한 목적을 설정하여 거기에 이르고, 그것을 성취하려는 삶을 살아야 합니다.

❖ ❖ ❖

어떤 사람이 머리카락이 하나도 없었습니다.

그래서 겨울이 되면 매우 춥고 여름이 되면 매우 덥고, 또한 모기와 벌레가 물기 때문에 밤낮으로 시달려 심한 고통을 받았습니다.

여러 가지 의술을 잘 아는 의사가 있었습니다.

대머리는 그에게 가서 말했습니다.

"선생님, 내 병을 고쳐 주십시오."

그런데 그 의사도 대머리였습니다. 의사는 곧 모자를 벗고 머리를 그에게 보이면서 말했습니다.

"나도 그 병으로 고통받는 중이오. 만일 내가 그것을 다스려 낫게 할 수 있다면 먼저 내 병을 다스려 이 걱정을 없앴을 것이오."

어떠한 역경과 혼란 속에서도 이성으로써 과감하게 일을 처리하는 사람이 위대한 것이다.

인간 각자는 경쟁자이면서 협력자로 산다

우리는 영혼의 바다 속에 살고 있습니다. 그 영혼은 안팎으로 우리를 에워싸고 있습니다. 우리는 모두 하나의 힘 속에 있는 것입니다. 단지 우리는 각기 다른 육체를 가지고 있을 뿐입니다.

하나의 전류는 동일하지만 그것이 어디로 흘러가느냐에 따라 다른 실체로 나타나는 것과 같습니다. 전류가 전등 속으로 흘러가면 불빛이 됩니다. 라디오로 흘러가면 소리가 됩니다. 선풍기로 흘러가면 바람을 만들어 냅니다.

우리의 영혼도 그와 같습니다. 그 영혼의 표정은 각자 다르지만 우리의 본질은 하나입니다. 우리는 우리 자신의 꿈을 다른 사람과 나누어 가질 수는 없습니다. 그 영혼에 각자의 모습이 다른 속에 들어가 있기 때문입니다.

우리는 서로가 서로의 꿈을 실현하기 위하여 끊임없이 싸우고 있는 존재입니다. 나의 야망은 다른 이의 야망에 반합니다. 그의 야망은 또 나의 야망에 반합니다. 그러나 우리는 모두 같은 에너지를 가지고 있습니다. 그 쓰임의 용도만 다를 뿐이어서 달리 보일 뿐입니다. 그러므로 우리는 협력자의 가능성도 열어 두고 있는 것입니다.

행복은 우리 내면에서 만들어진다

　이 세상은 우리가 태어나는 순간 괴로움을 안겨 주는 곳입니다. 태어나는 순간부터 우리는 먹을 것을 찾아 허둥댑니다. 외로움을 달래려고 애타게 엄마를 불러댑니다. 그러고 나서 수치라는 단어를 알지도 못하면서 조금의 자각이 주어지는 순간부터 우리는 옷을 찾기 시작합니다.
　이 세상의 본질은 어쩌면 슬픔 그 자체인지도 모릅니다. 우리 자신이 행복을 찾게 되는 순간 우리는 다른 사람에 대한 연민을 갖게 됩니다. 행복은 기쁨과 정비례하게 될 것입니다. 하지만 우리가 보기에 불행해 보이는 이들도 우리와 마찬가지로 그들 존재의 심연에 있는 행복을 맛볼 수 있습니다.
　하지만 진정한 행복은 현시적인 것에서 찾아선 안 됩니다. 그렇게 만들어진 행복은 일시적일 뿐입니다. 그런 행복은 해가 비칠 때 세상이 밝듯이, 모든 일이 순조로울 때만 지속될 뿐입니다. 진정한 행복은 보이지 않는 자신의 내면 속에서 만들어져야 합니다. 보이지 않는 곳에 채워둔 행복은 고통 속에서도 행복하게 해 줍니다.
　진정한 행복은 우리 존재의 진정한 의미를 깨닫는 데 있습니다. 우리 인간의 모순을 아는 데서 시작됩니다. 깨달음을 얻게 되면 우리는 모든 사람을 향한 사랑으로 가득 차게 됩니다. 사랑의 마음이 우리로부터 흘러나와 모든 존재, 모든 사물들에게 스며들게 됩니다. 남녀노소누구에게나, 새, 나무, 산, 별에까지 우리 사랑이 강물 되어 흐를 것입니다. 그때 우리는 진정한 행복을 갖게 되는 것입니다.

❖ ❖ ❖

비사사라는 두 귀신이 있었습니다.

그들은 상자 하나와 지팡이 한 개, 신발 한 켤레를 갖고 있었습니다. 그들은 그것을 서로 가지려고 다투었지만 해가 지도록 해결하지 못했습니다.

어떤 사람이 와서 그것을 보고 두 귀신에게 물었습니다.

"이 상자와 지팡이와 신이 어떤 신기한 힘을 가지고 있기에 당신들은 그처럼 서로 성을 내어 다투는 거요?"

두 귀신은 대답했습니다.

"이 상자는 의복·음식·평상·침구 따위의 생활 도구 등을 모두 만들어내지. 그리고 이 지팡이를 잡으면 어떤 원수도 모두 와서 항복하고 감히 다투지 못한다네. 그리고 이 신만 신으면 어디든지 마음대로 날아다닐 수 있다네."

이 사람은 그 말을 듣고 귀신들에게 말했습니다.

"당신들은 조금 떨어져 있으시오. 당신들에게 고루 나누어주리다."

그들은 이 말을 듣고 이내 멀리 피해 버렸습니다. 그는 곧 상자를 안고 지팡이를 들고 신을 신고는 날아가 버렸습니다.

두 귀신은 깜짝 놀랐지만 어쩔 도리가 없었습니다. 그는 귀신들에게 말했습니다.

"당신들이 싸우기에 물건을 지금 내가 가져가오. 이제 당신들은 다투지 않아도 되오."

행복하게 산다는 것은 마음의 평온함을 뜻한다. 행복의 비밀은 자신이 좋아하는 일을 하는 것이 아니라, 자신이 하는 일을 좋아하는 것이다.

양심은 고차원적인 속임수이다

우리의 진정한 규제는 밖이 아니라 내부에 있습니다. 우리 속에 깊숙이 앉아 있습니다. 우리는 이것을 양심이라고 부릅니다. 우리가 원하는 것을 하려 할 때마다 양심은 말합니다. '하지 말아라!' 양심은 가족적인 목소리입니다. 성직자는 양심을 통해서 이야기합니다. 어쩌면 양심은 수준 높은 속임수일지도 모릅니다. 우리가 우리 존재가 무엇이며 또 무엇을 해야 하는지조차 모르는 어린 시절부터 우리 마음 속에 양심이란 규제가 있었던 것입니다.

양심은 우리가 가는 곳이면 어디든 따라옵니다. 그래서 그 규준에 어긋나면 우리는 죄의식을 느낍니다. 죄의식이란 다른 사람이 원하지 않는 것을 했다는 뜻입니다. 자연스러울 때는 언제든지 죄의식이 따릅니다. 죄의식이 없을 때는 자연스럽지 않다는 뜻입니다. 이것은 본능입니다. 자연스럽다는 것은 곧 '본능적이다'라는 말과 동의어인 것입니다.

우리 자신의 자연스러운 목소리를 들을 때 우리는 죄의식을 느낍니다. 이것이 우리를 불행하게 만듭니다. 우리는 옳지 못한 짓을 하고 있다고 느끼기 시작합니다. 우리는 이제 자신을 방어하기 시작합니다.

그리고 변명하기 시작합니다. 두려워하기 시작합니다. 욕망과 죄의식, 그리고 공포에 사로잡힐 것입니다. 그리고 삶의 에너지로 넘치는 사랑을 상실하게 될 것입니다.

다른 사람들이 반대하는 일을 할 때면 언제든지 죄의식을 느낍니다. 무슨 일을 할 때마다 다른 사람들은 우리를 제약합니다. 우리는 자신의 목소리와 남의 목소리 사이에서 방황하고 있습니다. 우리에게는 적당한 자기 규제가 필요합니다. 사실 우리 자신의 진정한 적은 우리 안에 있습니다. 그런데도 우리는 그 적을 외부에서만 찾고 있습니다. 보이지 않는 내부의 적이 가장 무서운 것입니다.

❖ ❖ ❖

큰 재물을 갖고 있는 장자가 있었습니다.

좌우의 사람들은 모두 그의 마음을 얻으려고 온갖 공경을 다했습니다. 장자가 가래침을 뱉을 때에는 좌우에서 모시는 사람들이 재빨리 발로 그것을 밟아 문질러버렸습니다.

어떤 어리석은 사람은 그것을 보고 이렇게 생각했습니다.

'가래침이 땅에 떨어지면 다른 사람들이 먼저 재빨리 밟아 문질러버리는 구나. 그렇다면 나는 그가 뱉으려 할 때에 먼저 밟아야지.'

그때 장자가 막 가래침을 뱉으려 했습니다. 어리석은 사람은 곧 다리를 들어 장자의 입을 쳤습니다. 그래서 그만 장자의 입술이 터지고 이가 부러졌습니다.

장자는 그에게 말했습니다.

"너는 왜 내 입을 쳤느냐?"

그는 말했습니다.

"장자의 침이 입에서 나와 땅에 떨어지기만 하면 좌우의 아첨하는 사람들이 어느새 밟아버립니다. 나는 아무리 밟으려 하여도 늘 따르지 못합니다. 그래서 침이 막 입에서 나오려 할 때 다리를 들고 먼저 밟아 장자님의 마음을 얻으려고 한 것입니다."

세상에서 가장 강한 것은 내 양심이다. 양심이 약하면 내 인간도 약해진다. 많은 양심을 보존함으로써 그 인생을 가장 강하게 살아 나갈 수 있다는 점을 사람들은 너무도 생각지 않고 있다.

인간을 도구가 아니라 동반자로 여겨야 한다

　우리는 세상을 살기 위해 더 많은 권력과 명예, 돈을 갈구합니다. 그러면 그럴수록 우리는 인간의 본질을 잃어가고 있는 것입니다. 우리는 지금 인간과 함께 살아가고 있는지, 아니면 오직 물욕과 함께 살아가고 있는지 점검해봐야 합니다.
　우리가 사랑하는 가족이 인간으로 보이지 않고 소유하는 것으로 여겨진다면 우리는 심각하게 물욕적인 인간으로 전락한 것입니다.
　우리는 사람을 대할 때 그들을 하나의 인격체로 훌륭한 인간으로 보아야 합니다. 그들을 쓸모 있는 하나의 물건으로서 생각하거나 세상을 사는데 필요한 하나의 도구로 생각해선 안 됩니다.
　우리는 아내를 어린아이나 보살피고 집이나 지키는 물건으로 생각해서는 안 됩니다. 그녀를 성적인 쾌감을 만족시키는 도구로서 사용해서도 안 됩니다. 인간을 어느 용도로서 사용한다는 것은 인간은 이제 물건이지 더 이상 인격체가 아니라는 것을 뜻합니다. 우리의 삶이 그렇지 않았는지 진지하게 생각해 보아야 합니다.

❖ ❖ ❖

어떤 장사꾼이 장사하러 다니는 도중에 낙타가 갑자기 죽어 버렸습니다. 낙타 등에는 여러 가지 보물과 곱고 부드러운 천과 갖가지 물건이 많이 실려 있었습니다.

낙타가 죽자 상인은 곧 가죽을 벗긴 뒤 두 제자에게 말했습니다.

"낙타 가죽을 잘 간수하여 젖거나 썩게 하지 말라."

그 뒤에 비가 왔습니다. 두 제자는 우직하고 어리석어 좋은 천으로 낙타가죽을 덮었습니다. 천은 모두 썩어 허물어졌습니다. 그러나 가죽은 별 가치가 없었습니다. 천은 값비싼 것이었습니다. 그들은 무지했기 때문에 비싼 천으로 가죽을 덮었던 것입니다.

무엇이든 가치 있게 쓰는 것을 이용이라 한다. 인간이 물체를 이용하는 경우는 일방적 이용가치만이 문제되겠지만, 인간이 인간을 이용하는 경우는 상대적 이용가치가 문제된다.

내 삶, 내 사랑은 공유할 수 없다

인간을 도구로 사용할 수는 없습니다. 오직 물건만 도구로서 사용될 수 있습니다. 인간을 돈으로 살수는 없습니다. 돈으로 살 수 있는 것은 물건입니다. 인간에게는 그 어느 것과도 바꿀 수 없는 존엄성이 있습니다. 그런데도 우리는 돈으로, 권력으로, 성으로 인간을 다스리려 하고 있습니다. 이는 인간의 존엄성을 무시한 일입니다. 인간을 도구로 사용하는 셈입니다.

내 삶을, 내 사랑을 그 누구에게 나누어 줄 수도 있습니다. 그러나 우리는 결코 이를 도구로서 사용해서는 안 됩니다. 우리는 우리를 둘러싸고 있는 이들, 즉 아내에게, 아버지에게, 또는 어머니에게 감사하게 생각해야 합니다. 우리는 나와 먼 사람이 나에게 도움을 주었을 때는 감사의 마음을 갖기는 쉽습니다. 하지만 가까운 이들에 대해서는 감사의 마음을 갖지 않습니다. 이는 우리가 그들을 이미 삶의 도구로만 생각하는 것은 아닌지 냉철히 생각해 봐야 합니다.

우리의 감사와 사랑이 깊어지면 말 못하는 식물도 의사소통이 안 되는 동물도 인간화되어 하나의 인격체로 다가오게 됩니다. 신은 모든 존재 속에 두루 내재해 있기 때문입니다.

❖ ❖ ❖

어떤 사람이 부지런히 공을 들여 큰 돌을 갈아 조그만 장난감 소를 만들었습니다. 공을 많이 들였지만 얻은 것은 너무나 적었습니다.

인간이란 자기의 운명을 지배하는 자유로운 자를 말한다.

우리는 자각하는 존재이므로 고등동물이다

우리가 보다 고등동물답게 살려면 여타의 동물들보다 나은 지각력을 길러야 합니다. 우리는 몸과 마음, 이 두 가지를 넘어서서 이 두 가지를 지켜보는 존재여야 합니다. 마음의 소리와 사회의 소리를 듣지 못하는 사람은 생물학적인 존재로 기울어질 가능성이 있습니다. 때때로 사람을 미워하고 해치고 싶은 충동을 느끼는 존재로 전락할 것입니다.

우리가 우리 존재에 대해 올바른 자각을 하게 되는 순간 우리는 우리 자신의 몸의 구속과 마음의 함정에서 벗어날 수 있습니다. 그때 우리는 진정한 존재의 자유를 얻게 됩니다. 진정한 자유가 우리의 영혼 속에서, 우리 존재의 본질로부터, 존재의 심연으로부터 아름다운 삶의 꽃을 피우게 되는 것입니다.

우리는 우리의 몸을 우리의 의지대로 움직이지 못합니다. 우리의 마음도 우리 의지대로 하지 못합니다. 아직 우리 영혼이 자유롭지 못하기 때문입니다. 우리는 진정한 자신을 발견하게 될 때 비로소 우리의 몸과 마음을 우리의 의지대로 할 수 있게 되는 것입니다. 모든 것을 얻는 것은 모든 것을 버리는 데서 시작됩니다. 모든 것을 얻으려고만 하면 그 모두를 잃고 맙니다.

❖ ❖ ❖

어떤 사람이 배가 고파 일곱 개의 떡을 먹으려 했습니다.

여섯 개 반을 먹자 벌써 배가 불렀습니다. 그는 화를 내고 후회하며 제 손으로 자기를 때리면서 말했습니다.

"내가 지금 배부른 것은 이 반 개 때문이야. 그러므로 앞에 먹은 여섯 개는 공연히 버린 거야. 이 반개로써 배가 부를 줄 알았더라면 그것을 먼저 먹었어야 했는데."

부끄러움을 느끼는 일이 많은 사람일수록 염치없는 일, 수치스러운 일을 하지 않는다. 그러므로 부끄러움을 느낄 줄 아는 사람일수록 남의 존경을 받는다.

나는 오늘도 나에게 나를 묻는다

    우리는 우리 존재에 대한 올바른 질문을 해야 합니다. 올바른 질문을 해야 올바른 답을 얻을 수 있습니다. 올바른 질문이 주어지면 올바른 답은 질문 그 자체 속에 숨겨져 있습니다.
    잘못은 바로 우리 자신 속에 있습니다. 마음은 존재와 우리를 연결하는 것이 아니라 존재로부터 우리 자신을 단절시키고 있습니다.
    우리 존재의 본질은 멀리 있는 것이 아닙니다. 신은 우리로부터 멀리 있는 것이 아닙니다. 바로 우리 옆에 있습니다. 다만 우리의 마음이 신에게서 먼 것 뿐입니다. 우리의 마음이 신에게 가까우면 신은 바로 우리 옆에 있는 것입니다.
    우리는 신과 나눌 수 있는 진정한 언어를 가져야 존재에 대한 올바른 질문을 할 수 있습니다. 그 언어는 바로 침묵입니다. 침묵만이 의미를 가집니다. 침묵은 꽃의 향기입니다. 말은 죽음입니다. 그러므로 우리는 침묵의 언어를 배워야 합니다.
    침묵은 본질의 언어입니다. 우리는 어머니의 자궁 속에서 시작되었습니다. 우리는 어머니의 자궁 속에 있는 아홉 달 동안 한 마디의 말도 하지 않았습니다. 그러나 그 침묵 속에서도 우리는 어머니와 교감을 느꼈습니다. 어머니와 하나였습니다. 어머니와 우리 사이에는 어떤 벽도 없었습니다. 어머니와 우리는 하나였습니다. 우리를 하나로 묶어주었던 언어는 침묵입니다. 침묵은 둘을 하나로 묶는 위대한 힘을 가진 위대한 언어인 것입니다.

❖ ❖ ❖

주인이 먼 길을 떠나기 전에 하인에게 명했습니다.
"너는 문을 잘 지키고 나귀와 밧줄을 잘 살펴라."
이웃집에서 풍류놀이를 하는 자가 있었습니다. 주인이 떠난 뒤 하인은 그것을 보고 싶어 가만히 앉아 있을 수가 없었습니다. 그래서 밧줄로 문을 매어 나귀 등에 얹고 놀이터로 가서 그 풍류를 즐겼습니다. 하인이 나간 뒤에 도적이 와서 집안의 재물을 모두 훔쳐가 버렸습니다.
주인이 돌아와 하인에게 물었습니다.
"재물은 모두 어쨌느냐?"
하인은 대답했습니다.
"어르신께서는 아까 저에게 문과 나귀와 밧줄을 부탁하셨습니다. 그밖에는 제가 알 바가 아닙니다."
주인은 다시 말했습니다.
"너를 남겨 두고 문을 지키라고 한 것은 바로 재물 때문인데, 재물을 모두 잃었으니 문은 어디에 쓸 것인가."

물 대는 사람은 물을 끌어들이고 활 만드는 사람은 화살을 곧게 한다. 목수는 재목을 다듬고 지혜로운 사람은 자기 자신을 다룬다.

절대 선은 절대 악이며, 절대 악은 절대 선이다

    우리는 선행을 할 수 있습니다. 또한 악행도 할 수 있습니다. 그러나 모든 행위는 좋은 점과 나쁜 점을 동시에 갖고 있습니다. 선행 속에도 악행이 있고, 악행 속에도 선행이 있습니다. 이를 깊이 알아야 합니다. 선행이든 악행이든 그것은 결과적으로 마찬가지일 뿐입니다. 선과 악은 동전의 앞면과 뒷면에 지나지 않습니다. 동전은 양면을 동시에 지니고 있습니다. 어느 한쪽 면만이 존재할 수는 없습니다. 그리고 그 양면이 존재하므로 동일한 가치를 갖게 되는 것입니다.

    그러므로 죄인이 때로는 성스러울 때도 있고 성자가 죄악에 차 있을 때도 있습니다. 성자와 죄인은 같은 배를 타고 있는 셈입니다. 이런 이치를 깊이 이해하게 되면 변모는 가능합니다. 이제 우리는 더 이상 표면적인 행위만을 보려 하지 않을 것입니다. 선행과 악행이 조화를 이루고 있는 것이 존재의 본질적인 상태입니다. 그러므로 우리는 인간을 그의 행위에 의해서만 판단해선 안 됩니다. 모든 것은 변합니다. 모든 형태는 변합니다. 단지 변하는 것에서 불변하는 본질 쪽으로 움직여 가고 있는 것입니다.

❖❖❖

마을 사람들이 남의 소를 훔쳐서 잡은 뒤 모두 나누어 먹었습니다.

소를 잃은 사람이 그 흔적을 따라 그 마을까지 찾아오게 되었습니다. 그는 마을 사람들을 불러 놓고 사정을 말하면서 물었습니다.

"당신은 이 마을에 살지 않습니까? 당신은 소를 훔치지 않았습니까?"

그는 대답했습니다.

"내게는 마을이 없습니다."

"내가 보니 이 마을 복판에 연못이 있는데 그 못가에서 소를 나누어 먹은 흔적이 있습니다."

"여기엔 연못이 없습니다."

"못 주위에 나무가 있지 않습니까?"

"나무도 없습니다."

"소를 훔칠 때 이 마을 동쪽에 있지 않았습니까?"

"동쪽이 없습니다."

"소를 훔친 때는 한낮이 아니었습니까?"

"한낮이 없습니다."

"비록 마을은 없고 나무는 없다 하더라도, 어떻게 천하에 동쪽이 없고 한낮이 없단 말이오. 당신은 거짓말을 하고 있소. 당신의 말은 모두 믿을 수가 없소. 당신이 소를 훔쳐 먹지 않았단 말이오?"

"사실은 먹었습니다."

서둘러 선을 행하고 악을 멀리하라. 선업에 게으른 자는 마음의 악을 기뻐하는 자이다.

사랑은 아름다운 축제의 향연이다

사랑은 노동이 아닙니다. 존재의 심연에서 벌어지는 축제입니다. 꽃피는 기쁨이요, 존재의 향기입니다. 행복을 느낄 때, 이 세상 모든 것이 나의 것이라고 느낄 때 사랑은 찾아옵니다. 기쁨 속에서 넘치는 희열 속에서 사랑을 하게 되는 것입니다. 사랑이 넘칠 때 그 사랑을 남과 나누어 가져야 합니다. 그래야 사랑은 커지는 것입니다. 기쁨을 혼자만 가지려 할 때 사랑은 멀어지고 욕심과 미움이 찾아드는 것입니다.

진정으로 사랑하는 두 사람 사이의 기쁨은 그 기쁨이 이미 육체의 기쁨을 넘어서서 영적인 기쁨으로 승화됩니다. 이 영적인 유희가 사라져 버렸을 때 우리는 의무적인 관계로 전락해 버립니다. 이제 더 이상 사랑은 없습니다. 남편은 아기를 만들어내는 생산 원료요, 아내는 생산품 공장에 지나지 않게 되었습니다. 신비는, 파도치는 에너지는, 존재의 향기는 더 이상 넘쳐 흐르지 않습니다. 모든 생명의 에너지가 굳어졌고 긴장과 위선만이 남아 있을 뿐입니다.

그러므로 두 사람이 사랑하든 이웃을 사랑하든 우리는 먼저 소유욕을 버려야 합니다. 사랑은 쟁취가 아니라 나를 상대에게 주는 것입니다. 내가 나이기를 포기하고 상대의 것이 되는 것일지도 모릅니다. 진정한 사랑은 존경할 만한 상대를 찾아서 자신의 모든 것을 그를 위해 버리는 것이지 자신의 이익을 위한 일이 아닙니다.

❖ ❖ ❖

어느 나라에 명절이나 경사날에는 부녀자들이 모두 꽃으로 머리를 장식하는 풍습이 있었습니다.

어떤 가난한 사람의 아내가 남편에게 말했습니다.

"당신이 만일 우트팔라 꽃을 얻어 내게 주면 나는 당신의 아내로 있겠지만 얻어 오지 못하면 나는 당신을 버리고 가겠습니다."

그 남편은 이전부터 원앙새 우는 소리 흉내를 잘 냈습니다.

그래서 곧 궁궐 못에 들어가 원앙새 우는 소리를 내면서 우트팔라 꽃을 훔쳤습니다.

그때 못을 지키는 사람이 물었습니다.

"못 가운데 그 누구요?"

그는 그만 실수하여 이렇게 대답했습니다.

"나는 원앙새입니다."

못 지기는 그를 붙잡아 왕에게로 데리고 갔습니다. 도중에 그는 다시 부드러운 소리로 원앙새 우는 소리를 냈습니다.

연못지기는 말했습니다.

"너는 아까는 뭘 하다 이제야 원앙새 우는소리를 내느냐."

남에게 사랑받지 못하는 사람은 남을 사랑하지 않는 사람이다.

인간은 그어진 틀 안에서의 자유로 존재한다

　우리는 우리 자신의 삶을 살아가고 있습니다. 하지만 실상 우리는 우리 나름대로 가지 못합니다. 우리 나름대로 하지 못합니다. 우리는 운전대를 잡고 우리가 원하는 대로 가려고 합니다. 하지만 우리는 운전대만 잡고 있을 뿐이지 차를 모는 것은 우리가 아닙니다. 우리 뒤에는 많은 사람들이 앉아서 우리를 통제하고 있습니다. 우리의 가족, 친지, 성직자, 경찰, 상관, 친구, 그들은 모두 우리의 등뒤에 앉아서 충고하고 있습니다. "해라. 하지 말아라." 라고 말입니다.
　우리는 사회에서 또는 학교에서 그들의 말을 따를 것을 배웁니다. 그들의 말을 따르지 않으면 우리는 이러저러한 제재와 벌을 받게 됩니다. 그들의 충고를 따르지 않으면 우리는 우리 스스로 무언가 잘못하고 있다고 느낍니다.
　하지만 그들이 그어 놓은 틀 속에서 살면서 우리는 구속감을 느낍니다. 그때 우리는 불행하다는 생각을 갖게 됩니다. 그렇습니다. 우리가 사는 세상은 철조망이나 보이는 담만 없는 감옥인 것입니다.

❖ ❖ ❖

어떤 여우가 나무 밑에 앉아 있었습니다. 그런데 마침 바람이 불어 그 나뭇가지가 부러졌습니다. 그리고 그 나뭇가지는 그만 여우의 등에 떨어졌습니다.

여우는 곧 눈을 감고 다시 나무를 쳐다보지도 않습니다. 여우는 그곳을 떠나 다른 곳으로 달아났습니다.

그리고는 날이 저물어도 그는 돌아오려 하지 않았습니다.

여우는 멀리서 바람이 불어 큰 나뭇가지가 아래위로 흔들리는 것을 보고 말했습니다.

"나를 다시 나무 밑으로 오라고 부르고 있군."

참다운 자유를 얻고자 한다면 마음속에 있는 노예를 제거하는 데에서부터 시작하라.

하나를 잃으면 그 닮은꼴을 찾는다

우리는 살면서 경험에 이어 또 다른 경험을 하게 됩니다. 그러나 우리는 이 모든 경험을 종합해서 결론짓지 못합니다. 우리는 뭔가 하나를 잃으면 그 닮은꼴을 찾아냅니다. 그리고 그것을 소유하려 애쓰게 됩니다. 배우자를 잃거나 상대가 떠나고 나면 우리는 그 닮은 꼴을 찾게 됩니다. 그리고 거기에 희망을 겁니다. 하지만 우리는 또 실망을 하고, 또 다른 사람에게 희망을 걸게 됩니다.

인간관계가 속박이 될 때 우리는 무엇인가 잘못되었다고 느낍니다. 다음번에는 속박되지 않는 인간관계를 갖기 위하여 온갖 노력을 기울입니다. 그러나 완전한 인간관계는 없습니다. 인간관계 그 자체가 속박이기 때문입니다.

우리의 희망은 무지개와 같습니다. 멀리서 보면 눈부시게 우리를 매혹하지만 가까이 가면, 아무것도 없는 허무라는 것을 알게 됩니다. 우리는 주관에 의해서 투영된 이 세상이 허무한 실재임을 알게 되는 순간 새로운 세계를 향해 눈을 뜨게 되는 것입니다.

❖ ❖ ❖

어떤 두 아이가 강에서 놀다가 물밑에서 털 한 줌을 얻었습니다.
한 아이가 말했습니다.
"이것은 선인의 수염이야."
그러자 다른 아이가 말했습니다.
"이것은 큰곰의 털이야."
그 강가에 어떤 선인이 살고 있었습니다.
두 아이는 서로 다투다가 그 선인에게 가서 의심나는 것을 판결해 달라고 부탁했습니다.
선인은 곧 쌀과 깨를 입에 넣고 씹다가 손바닥에 뱉어 놓고 아이들에게 말했습니다.
"내 손바닥에 있는 것은 공작의 똥과 같으니라."
남의 물음에는 대답하지 않고 동문서답하는 선인을 보고 사람들은 모두 비웃었습니다.

무슨 일에든 희망을 거는 것이 실망 하는 것보다는 낫다. 어떠한 일이든지 꼭 가능하다고 믿을 수는 없기 때문이다.

진리는 우리 마음속에 감춰져 있다

　진리는 쉽게 드러나는 것이 아닙니다. 진리는 우리 마음속에 있는 것입니다. 우리는 눈으로 보는 것을 진리라고 알고 있지만 네모난 지구의 진리는 이제 동그란 지구의 진리로 바뀌었습니다. 우리가 눈으로 보아서 토끼가 살고, 계수나무가 있다고 믿었던 달의 진리는 이제 바뀌었습니다. 진리는, 보이는 진리는 바뀌었습니다. 그러면 이제 보이지 않는 진리만이 불변의 진리로 남아 있는 것입니다.

　우리는 이제 우리의 주관을 버리고 본질을 찾아야 합니다. 인간의 본질 말입니다. 그리고 기억해야 합니다. 진리는 결코 죽은 것이 아니며, 기억이 될 수 없다는 것을 알아야 합니다.

　진리는 사념이나 기억 속에 포함될 수 없는 것입니다. 진리는 어디든 존재합니다. 그리고 언제든지 우리는 진리를 느끼게 될 것입니다. 진리는 매순간 새롭습니다. 진리는 결코 노쇠하지 않으며, 언제나 새롭습니다.

　어떤 사람이 곱추 병을 앓아 의사를 청해 치료했습니다.

의사는 거기에 침을 바른 뒤 아래위로 널빤지를 대고 있는 힘을 다해 눌렀습니다.

너무 힘을 쓴 나머지 두 눈알이 튀어나왔습니다. 그러나 의사는 자기의 두 눈알이 튀어나오는 것을 깨닫지 못했습니다.

진리는 피하면 피할수록 멀어만 간다. 그러나 진리란 것은 못과 같다. 즉, 망치질을 할수록 더 깊이 속으로 들어간다.

우리의 위치는 자신의 의지에 따라 정해진다

인간은 자신의 의지에 따라 낮은 수준에 있을 수도 있고 높은 수준에 있을 수도 있습니다. 그러나 높은 수준과 낮은 수준은 모두 사다리의 낮은 곳과 높은 곳에 지나지 않습니다. 인간은 높은 곳으로 올라갈 수도 있고 낮은 곳으로 내려갈 수도 있는 사다리입니다.

육체가 나쁜 것이라고 말한다면, 육체는 우리의 적이 되는 셈입니다. 우리가 육체를 부정적인 것으로만 볼 때, 우리는 마음과 육체로 분리되는 갈등을 겪게 됩니다. 그러면 우리는 자신의 육체를 두려워하게 될 것입니다. 점점 더 육체에 대하여 죄책감을 느낄 것입니다. 우리는 결국 마음과 육체의 불일치로 죄책감을 느끼며 번민하게 되는 것입니다. 마음과 육체는 서로를 반대하게 될 것입니다. 육체는 육체적인 곳으로만 파고 들어가고 마음은 또 정신적인 곳으로만 파고들 것입니다. 우리의 평안은 이 마음과 행동이 일치될 때 찾아오는 것입니다. 이를 위해서는 세상을 향한 마음의 적절한 조화와 마음을 향한 행동의 조화가 잘 조정되어 일치되려는 지향성이 있어야 합니다.

❖❖❖

다섯 사람이 계집 종 하나를 샀습니다. 그 중의 한 사람이 종에게 말했습니다.

"내 옷을 빨아라."

다음에 또 한 사람도 말했습니다.

"내 옷도 빨아."

그 종은 다음 사람에게 말했습니다.

"저분의 옷을 먼저 빨게 되어 있어요."

뒤 사람은 이 말을 듣고 화를 냈습니다.

"나도 저 사람과 함께 공동으로 너를 샀는데 왜 저 사람의 것만 빨려 하는 거야?"

그러고는 매 열 대를 때렸습니다. 그러자 다른 네 사람도 모두 각기 열 대씩 때렸습니다.

사람마다 개성, 재능, 천부적 소질에서 차이를 보인다. 평등이 아니라 불평등이, 평준화가 아니라 개개인의 다름이 이 세상의 발전의 척도이다. 개인의 개성을 키우자. 저마다의 우월성을 마음껏 발휘하자. 자기의 천부적 소질을, 찬란한 재능을 꽃피우자.

갈증은 바다 한가운데 있을 때 더 심하다

　물이 아무리 많아도 다 물이 아닙니다. 장마철일수록 먹을 물은 귀한 법입니다. 바다에는 물이 얼마든지 있지만 바다 한가운데 있을 때 목마름은 더한 것입니다. 바닷물은 마실 수 없는 소금투성이기 때문입니다. 바닷물을 마시고는 살 수 없습니다. 바닷물은 우리 몸에 독을 주기 때문입니다. 그러나 바닷물이 수증기로 올라가 구름이 되고 그 구름이 비가 되어 땅에 스미면 또 샘물이 됩니다. 그때 그 물은 좋은 식수가 되는 것입니다.
　이와 마찬가지로 악한 것이 선이 될 수도 있는 것입니다. 선한 것이 악한 것이 될 수도 있는 것입니다. 악한 것의 흐름이 어디로 흐르느냐에 따라 그것은 이로운 것이 될 수 있습니다. 아무리 선한 것이라 해도 흐름을 잘못 따르면 악으로 변질되는 것입니다.
　바닷물과 샘물도 그 근원은 하나입니다. 마찬가지로 선과 악의 근원도 하나입니다. 명상은 구름과 같습니다. 성의 에너지가 보다 높은 차원으로 변질되는 과정으로서의 구름과 같습니다. 물질적인 존재가 비물질적인 존재로 변질되는 과정으로서의 구름과 같습니다. 이 세상의 번뇌와 고통이 달콤한 마음의 위안으로 변하는 과정으로서의 구름과 같습니다.

그러기에 우리는 명상해야 하겠습니다. 그러면 진리에 가까이 갈 수 있습니다.

❖ ❖ ❖

어떤 아이가 왕 앞에서 음악을 연주했습니다. 왕은 돈 천 냥을 주기로 약속했습니다.

아이가 왕에게 돈을 요구했습니다. 왕은 돈은 주지 않고 이렇게 말했습니다.

"네가 아까 음악을 연주했지만 그것은 한낱 내 귀만 즐겁게 하였을 뿐이니라. 내가 너에게 돈을 주겠다고 한 것도 다만 네 귀를 즐겁게 한 것뿐이로다."

삶을 보전하는 사람은 욕심이 적고, 몸을 보전하는 사람은 이름을 피한다. 욕심을 없애는 것은 쉬우나 이름을 없애는 것은 어렵다.

공존은 상반되는 것들의 모임이다

　공존은 남자와 여자의 진실한 만남으로 이루어집니다. 오른쪽 마음은 여성적인 마음입니다. 반면 왼쪽 마음은 남성적인 마음입니다. 한 남자와 한 여자가 사랑의 행위를 해서 오르가슴에 도달할 때 왼쪽 마음과 오른쪽 마음 사이에는 간격도 없이 아주 가까워지는 연결 현상이 일어납니다. 오르가슴은 마음에 아무런 도움도 주지 않습니다. 또한 외부로부터도 어떠한 도움도 받지 않습니다. 오르가슴은 바로 우리 자신의 안으로부터 시작되는 것입니다.
　사랑이야말로 이 지구 위에서 가장 위대한 일입니다. 그리고 가장 위대한 인간적 경험은 오르가슴입니다. 진리란 바로 어느 곳에서든 오르가슴의 경험에 가까운 것입니다. 진리야말로 인간의 위대한 기쁨이기 때문입니다. 이 기쁨은 우리에게 영원의 문을 여는 계기를 마련해 줍니다. 오르가슴을 통하여 영원의 문이 열리는 그 순간 남자와 여자는 흔적도 없이 사라져 버립니다. 더 이상 에고는 없습니다. 두 육체는 사라져 버립니다. 진리는 바로 이러한 극도의 기쁨을 주는 것입니다.

❖ ❖ ❖

어떤 스승에게 두 제자가 있었습니다. 그 스승은 아픈 다리를 두 제자에게 내밀면서 한쪽씩 주무르라고 했습니다.

두 제자는 늘 서로를 미워하고 질투하는 사이였습니다. 한 제자가 다른 제자에게 가서 그가 주무르는 스승의 다리를 붙잡고 돌로 때려 부러뜨렸습니다.

다른 제자가 이것을 보고 몹시 분하게 여겨, 그가 주무르는 다리를 때려 마저 부러뜨리고 말았습니다.

우리의 삶은 고통이며 공포다. 따라서 인간은 불행하다고 할 수 있다. 그러나 인간은 인생을 사랑하고 있다. 그것은 고통과 공포를 사랑하고 있기 때문이다.

학문은 사소한 의심에서 출발한다

　의심은 부정적인 것을 상징합니다. 하지만 의심도 필요할 때가 있습니다. '왜 그럴까'라는 삶에 대한 의심이 철학을 만들었습니다. 실재하는 것들에 대한 의심에서부터 과학이 생겨났습니다. 의심은 곧 의문에서 시작되는 것입니다. 의심이 없다면 과학은 존재할 수 없습니다. 의심은 과학에 있어서 가장 중요한 방법입니다. 모든 발명은 의심으로부터 시작됩니다. 그리고 그 의심은 계속됩니다. 그래야 새로운 발명이 이어지는 것입니다.

　하지만 우리의 내면을 제대로 알려면 의문의 단계에서 멈추어야 합니다. 의심은 내면의 진실을 아는 데 방해가 되기 때문입니다.

　의심은 외면적인 형상을 아는 데 필요한 것입니다. 우리의 내면을 탐구하려면 믿음을 가져야 합니다. 존재의 심연으로 들어가면 갈수록 믿음이 있어야 더 깊이 들어갈 수 있습니다.

　믿음이 필요한 곳이 따로 있습니다.
　의심이 필요한 곳이 있습니다.
　의문이 필요한 곳이 있습니다.
　그 때와 그 쓰임을 아는 것이 삶의 지혜입니다.

❖❖❖

어느 날 뱀의 꼬리가 그 머리에게 말했습니다.

"내가 앞에서 갈게."

머리가 말했습니다.

"내가 언제나 앞에서 갔는데 갑자기 왜 그래?"

머리와 꼬리는 서로 싸웠습니다. 끝내 머리가 앞서 가려고 하자, 꼬리는 나무를 감아 버렸습니다. 그러자 하는 수 없이 머리가 양보했습니다. 그래서 결국 꼬리가 앞에서 갔습니다. 그러나 앞을 못 보고 가던 뱀은 곧 불구덩이에 떨어져 타 죽고 말았습니다.

항상 힘써 게으르지 않고 스스로를 자제할 줄 아는 지혜 있는 사람은 홍수로도 밀어낼 수 없는 섬을 쌓는 것과 같다.

인간은 성장 가능성과 추락 가능성을 동시에 지닌 존재이다

아직 원시적인 에너지가 남아 있는 사람은 성장할 수 있습니다. 성장할 수 있는 가능성이 있습니다. 문명인은 잘못된 방면으로 성장했습니다. 그러나 그들은 아직 성장하지 않은 상태로 있습니다. 그들은 아직도 바른 길로 성장할 수 있는 기회를 가지고 있습니다. 보다 많은 가능성을 가지고 있습니다. 그들은 학습되거나 형식에 억매이지 않았습니다. 그들은 순수합니다.

그들은 타락할 수 있는 그 어떤 요소도 가지고 있지 않습니다. 그들은 똑바른 길로 나아갈 수 있습니다. 지식에는 생명이 있습니다. 현대와 같은 정보화 시대에는 더욱더 그렇습니다. 자꾸만 새로운 지식을 쌓아야 합니다. 그러나 원시적인 에너지가 남아있는 사람은 새로이 적응할 수 있는 여유가 있습니다. 우리는 넓은 마음, 빈 공간을 확보해야 합니다. 선입견을 버리고 있는 그대로 볼 수 있어야 합니다. 지식이 진실로 바뀔 수 있도록 지혜를 가져야 하겠습니다.

어떤 왕에게 믿을 만한 신하가 있었습니다. 그는 전장에서 목숨을 돌보지 않고 왕을 안전하게 지켜주었습니다.

　왕은 매우 기뻐하여 그의 소원을 들어주려고 그에게 물었습니다.

"그대는 무엇을 원하는가? 그대가 하고 싶은 대로하도록 하라."

신하는 대답했습니다.

"왕께서 수염을 깎으실 때, 나를 시켜 깎도록 해 주소서."

왕은 말했습니다.

"그 일이 네 마음에 맞는다면 그대의 원대로 하라."

이 어리석은 사람을 세상 사람들은 모두 비웃으면서 말했습니다.

"나라의 반을 다스리는 대신이나 재상 자리도 얻을 수 있었는데, 구태여 왕의 수염 깎는 일을 구하다니."

　잘못으로 이르는 길은 수없이 많으나, 진리에 이르는 길은 다만 하나뿐이다.

바다는 많은 것을 감추고도 말이 없다

　바다에는 두 가지 값진 보물이 있습니다. 한 가지는 물이 빠질 때 캐어낼 수 있습니다. 또 한 가지는 물이 들어올 때 캐어낼 수 있습니다. 이 두 가지 보물은 바닷물이 불어나고 줄어드는 데 전혀 영향을 받지 않습니다. 언제나 같은 상태로 바닷속에 묻혀 있습니다.
　사람의 마음도 바다와 같습니다. 아무리 사랑을 나누어 주어도, 아무리 미움을 나누어 주어도 우리의 몸에는 영향이 없습니다. 바다의 물이 들어왔다 나갔다 하면서 많은 물건들을 주듯이 사람의 마음속에서 사랑과 미움을 받고 주어도 변함이 없습니다. 그러니 우리는 미움보다는 사랑을 베풀며 살아야 하겠습니다.

　두 사람이 함께 길을 가고 있었습니다. 그때 어떤 사람이 깨를 실은 수레를 끌고 험한 길을 통과하지 못하는 것을 보게 되었습니다. 그때 그 수레꾼은 이들에게 말했습니다.
　"나를 도와 수레를 밀어 험한 길을 벗어나게 해 주시오."
　그들은 대답했습니다.

"그러면 우리에게 무엇을 주시겠습니까?"

수레꾼은 말했습니다.

"없는 물건을 당신들에게 주겠소."

두 사람은 그를 도와 수레를 밀었습니다. 드디어 수레가 평지에 나오자 수레꾼에게 말했습니다.

"우리에게 줄 물건을 주시오."

수레꾼은 대답했습니다.

"물건이 없소이다."

두 사람 중 한 사람이 다시 말했습니다.

"그 없는 물건을 가져오시오."

다른 한 사람이 웃음을 참으며 말했습니다.

"저 사람은 우리에게 아무것도 주려 하지 않는 거야. 그러나 아무 걱정할 것 없어."

그러나 그는 수레꾼에게 말했습니다.

"우리에게 없는 물건을 가져오라니까요. 반드시 없는 물건이 있을 것이오."

단단한 돌이나 쇠는 높은 곳에서 떨어지면 깨지기 쉽다. 그러나 물은 아무리 높은 곳에서 떨어져도 깨지는 법이 없다. 물은 모든 것에 대해서 부드럽고 연한 까닭이다. 저 골짜기에 흐르는 물을 보라 그의 앞에 있는 모든 장애물에 대해서 스스로 굽히고 적응함으로써 줄기차게 흘러, 드디어는 바다에 이른다. 적응하는 힘이 자재로와야 사람도 그가 부닥친 운명에 굳센 것이다.

미완으로 남은 것은 늘 우리를 괴롭게 한다

  행동 속에서 전체가 되는 것은 바로 행동으로부터의 자유를 뜻합니다. 무슨 일을 하든 전체적으로 해야 합니다. 미완전한 상태로 끝나버린 것들은 언제나 우리의 마음속에 남아 있습니다. 찌꺼기로 마음속에 남아 있습니다. 마음속에는 언제나 그 미완전한 상태로 끝나버린 것들을 충족시키려는 욕망이 계속될 것입니다.
 마음은 완전하고 충만해하고 싶어하는 유혹자입니다. 욕망은 사라집니다. 우리의 마음은 항상 변화를 요구합니다. 명상되지 않은 사람들은 더욱더 그렇습니다. 잊으려 해도 미완된 삶이 자꾸만 연상되며 우리를 괴롭힙니다. 우리는 큰것과 작은 것을 구별하여 미완을 해결해야 합니다. 전체가 되어 행동하다 보면 우리는 느낄 것입니다.
 마음은 불완전하게 끝나버린 과거의 모든 것들을 간직하고 있는 창고입니다.

 마라 국에 어떤 부자가 있었습니다. 그는 병이 매우 위중하여 반드시 죽을 것이라 생각하고 두 아들에게 유언을 했습니다.

"내가 죽은 뒤에는 재산을 잘 나누어 가져라."

유언에 따라 두 아들은 아버지가 죽은 뒤 두 몫으로 재산을 나누게 되었습니다. 그때에 형이 아우에게 말했습니다.

"나누는 것이 공평하지 못하구나."

그러자 어떤 어리석은 노인이 그들에게 말했습니다.

"너희들에게 물건 나누는 법을 가르쳐 공평하게 가지게 하마. 지금 있는 모든 물건을 부수어 두 몫으로 만들어라."

"어떻게 부숩니까?"

"옷은 반을 찢어 두 몫으로 만들고, 밥상이나 병도 부수어 두 몫으로 만들고, 동이나 항아리도 부수어 두 몫으로 만들고 돈도 부수어 두 몫으로 만들어라."

그래서 그들은 모든 재산을 두 몫으로 만들었습니다.

세상에 있으면서 세상을 벗어나라. 욕망을 따르는 것도 괴로움이요, 욕망을 끊는 것도 괴로움이라. 우리는 스스로 닦는 길을 따를 것이니라.

진정한 스승은 모성애를 갖고 있다

진정한 선생은 남성다움보다는 여성다운 모성애가 있어야 합니다. 그래야만 선생은 제자를 향한 사랑을 베풀 수 있습니다. 제자를 꾸짖으면서도 그는 속으로 울고 있습니다. 진정한 스승은 매를 들면서도 속으로는 피울음을 웁니다. 진정한 선생은 사랑의 매를 드는 것이지 징계의 매를 드는 것이 아닙니다. 제자가 이 선생의 사랑을 분명히 느낄 수 없다면 그 선생은 아직 온전한 선생이 아닙니다.

선생은 직업이기에 앞서 제자를 제대로 이끌어 주는 사랑의 사도이어야 합니다. 세상을 더 잘 알고, 더 잘 이해하며, 더 지혜로워야 합니다. 선생은 아무나 될 수 있는 것이 아닙니다. 명목상의 선생은 진정한 선생이 아닙니다. 명목상으로 선생은 아니어도 존경받을 만한 성품을 가진 이야말로 진정한 선생인 것입니다. 어떻게 하면 선생으로 존경받을 수 있을까요! 사랑만이 우리에게 확신을 주고 희망을 줄 수 있습니다. 그 믿음을 통하여 진정한 선생으로 태어나는 것입니다. 우리는 모두 누군가의 선생이 될 가능성을 갖고 있습니다. 그렇기에 항상 사랑할 줄 알고, 존경받을 만한 성품을 갖도록 노력해야 하겠습니다.

❖ ❖ ❖

두 사람이 옹기공장에 가서 바퀴를 밟아 오지 병을 만드는 것을 구경하고 있었습니다. 그것은 아무리 봐도 싫증이 나지 않았습니다.

그런데 한 사람은 그곳을 떠나 큰 모임에 가서 맛난 음식을 배불리 먹고 또 보물까지 얻었습니다.

그러나 한 사람은 오지병을 만드는 것을 구경만 하였습니다.

한 사람이 "자네도 모임에 다녀오게나."하고 말했습니다.

"내가 구경을 다할 때까지 기다리게나."

그러나 구경만하던 사람은 "내가 구경할 때까지 기다리게나."하고 말만 하고 머뭇거리며 해가 지도록 그것을 구경하다가 옷과 밥을 놓치고 말았습니다.

스스로 배울 생각이 있는 한, 천지 만물 중 하나도 스승이 아닌 것은 없다. 사람에게는 세 가지 스승이 있다. 하나는 대자연, 둘째는 인간, 셋째는 사물이다.

바다는 가감에도 영향을 받지 않는다

    소가 진흙 위를 걸어가면 발자국이 생깁니다. 그리고 그 소 발자국에 빗물이 고입니다. 소 발자국에 괸 이 빗물은 머지않아 다 말라 버릴 것입니다. 그러나 바다는 언제나 변함이 없습니다. 소 발자국에 고인 빗물도 역시 바다로부터 온 것입니다. 그러나 소 발자국에 괸 빗물과 그 근원으로서의 바닷물 사이에는 엄청난 차이가 있습니다.

    바다는 언제나 변함이 없습니다. 결코 줄어들거나 불어나는 일이 없습니다. 뭉게구름이 바다로부터 피어오릅니다. 그러나 바닷물은 결코 줄어드는 일이 없습니다. 모든 강물이 바다로 흘러가고 있습니다. 그러나 바다는 결코 불어나지 않습니다.

    바다는 언제나 변함이 없습니다. 그러나 소 발자국에 괸 빗물은 몇 시간 안으로 다 증발해 버립니다. 흔적도 없이 말라 버립니다.

    인간의 마음이 담긴 우리의 머리도 머지않아 흔적도 없이 증발하고 맙니다. 소 발자국에 고인 물과 같기 때문입니다. 우리의 조그만 두개골 속에 무엇이 얼마나 들어 있겠습니까! 약간의 빗물이 잠시 고여 있을 뿐인 자국과 마찬가지입니다. 그러므로 우리의 두뇌는 그다지 믿을 것이 못됩니다. 이 넓은 우주에 비하면 우리의 두뇌는 하나의 티끌에 지나지 않습니다. 그러므로 두개골 속에 우주 전체가 들어 있다고 착각하지 말아야 합니다. 그것은 잠시 머무를 뿐이지 결코 영원한 것이 될 수 없습니다.

❖ ❖ ❖

어떤 어리석은 사람이 큰 못에 가서, 물 속에 있는 순금의 그림자를 보고는 금이 있다고 소리쳤습니다. 그리고 곧 물에 들어가 진흙을 헤치며 금을 찾았습니다. 그러나 찾지 못하고 몹시 피로한 채 다시 나와 앉아 있었습니다.

조금 있다가 물이 맑아지자 금빛이 다시 나타났습니다. 그는 다시 들어가 진흙을 헤치고 금을 찾았으나 또 찾지 못하고 지쳐버렸습니다.

아버지가 아들을 찾으러 왔다가 거기에 있는 아들을 보고 물었습니다.

"너는 무슨 일을 했기에 그렇게 지쳐 있느냐?"

아들은 말했습니다.

"물 속에 순금이 있기에 물에 들어가 진흙을 헤치고 찾았습니다. 그러나 금은 얻지 못하고 이처럼 지쳤습니다."

아버지는 물 속의 금 그림자를 보고, 그 금은 나무 위에 있는 금인데, 그 그림자가 물 속에 나타난 것을 아들에게 알려 주었습니다.

"이것은 반드시 새가 금을 물고 가다가 나무 위에 둔 것일 게다."

그는 아버지 말을 따라 나무 위에 올라가서 그 금을 얻었습니다.

이미 세워진 권위라도 양심이 허락하지 않으면 의심하라. 남이 나쁘다 하여도 그대 마음의 소리가 옳다고 하면 따르라.

소리는 눈으로 보는 것이 아니다

　　새 소리는 눈으로 보이지 않습니다. 새 소리는 냄새로 알 수도 없습니다. 새 소리는 손으로 만져볼 수도 없습니다. 새소리는 혀로 맛볼 수도 없습니다. 새 소리는 오직 귀로만 들을 수 있습니다. 그래서 소리는 눈을 감고 들어야 잘 들리는 것입니다.
　　꽃의 향기는 코로 맛볼 수 있습니다. 향기는 만지거나 눈으로 보는 것이 아니기 때문입니다. 향기는 혀로 맛볼 수도 없습니다. 향기는 촉감 없이 눈을 감고 코로만 느껴야 제대로 느낄 수 있습니다.
　　꽃의 아름다움은 눈으로 볼 수 있습니다. 아름다움은 만지거나 코로 맡을 수 있는 것이 아닙니다. 제대로 아름다움을 감상하려면 향기도 멀리하고 감촉도 멀리하고 맛도 멀리하고 오직 눈으로만 보아야 제대로 볼 수 있습니다.
　　꽃의 감촉은 눈으로 보이는 것이 아닙니다. 코로 맡아지는 것도 아닙니다. 맛으로 알 수도 없습니다. 꽃의 감촉은 오직 만져 보아야 하는 것입니다. 그러므로 감촉은 눈을 감고 향기도 멀리하고 만짐으로서만 느껴야 합니다.
　　그러나 꽃은 감상하는 것이 좋습니다. 꽃은 향기로 말하는 것입니다. 꽃은 아름다움으로 말하는 것입니다. 꽃은 감촉으로 말하지 않습니다. 그래서 꽃은 느끼는 것입니다.

　무엇이든 선입관을 멀리하고 들어야 합니다. 선입관 없이 보아야 합니다. 선입관 없이 향기를 맡아야 합니다. 선입관 없이 감촉을 느껴야 합니다. 이를 위해서는 하나의 감각이 동원되면 다른 감각은 멀리 해야하는 것입니다. 이는 느낌을 제대로 아는 방법인 것입니다.

　진리도 이와 같습니다. 진리는 발견하는 방식이 따로 있는 것입니다. 진리는 직접 체험하는 것이기 때문입니다. 진리는 꽃의 향기와 같습니다. 그러므로 눈으로 보거나 귀로 들을 수 있는 것이 아닙니다. 진리는 경험으로 맛보는 것입니다.

신은 설명되는 존재가 아니라 우리 마음속에 있다

　　　신은 결코 설명될 수 없는 존재입니다. 신이 설명된다면 신은 우리 인간의 범주에 속하는 것입니다. 우리가 신을 설명할 수 있다면 이미 우리는 신의 범주에 들었다는 의미입니다. 그러므로 우리가 신을 설명하려 한다는 것은 무모한 도전이며, 신에 대한 모독이 될 수도 있습니다. 우리가 신을 설명하려 하면 할수록 점점 더 신으로부터 멀어지게 됩니다.

　신은 우리의 어떠한 사고 속에도 담겨질 수 없습니다. 그러나 신은 삶을 통해서, 남녀의 사랑을 통해서 느낄 수 있습니다. 우리는 신과 닮은 피조물이어서 신을 가늠해 볼 수 있는 것입니다. 우리의 삶, 우리의 사랑은 신이 주신 선물이기 때문입니다.

　그러나 우리의 마음에 신을 담을 수는 없습니다. 신을 담기에는 우리의 마음이 너무 적습니다.

　우리는 작은 스푼에 바닷물을 담을 수 있습니다. 그러나 그 양의 물로 바다의 이미지를 보여 줄 수는 없습니다. 그 적은 양의 물이 바닷물이 될 수는 없습니다. 우리가 신을 가늠하는 정도도 그와 같은 것입니다. 그러므로 우리는 신을 설명하지 못합니다. 그 이상은 오만인 것입니다. 우리가 신에게 가까이 다가가는 것은 오직 우리의 마음의 상태로만 가능합니다.

❖ ❖ ❖

브라만들은 모두 이렇게 말했습니다.
"조물주는 이 세상의 아버지다. 그는 능히 만물을 만든다."
만물을 만든 주인의 제자가 있었습니다. 그도 말했습니다.
"나도 능히 만물을 만든다."
그러나 그는 실제는 어리석은 사람이었습니다. 하지만 자신은 지혜가 있는 사람이라고 생각했습니다. 그래서 그는 조물주에게 말했습니다.
"나는 만물을 만들고 싶습니다."
조물주는 말했습니다.
"그런 생각을 말라. 너는 만들 수 없다."
그러나 그는 조물주의 말을 듣지 않고 만물을 만들려고 했습니다. 조물주는 그 제자가 만든 물건을 보고 그에게 말했습니다.
"네가 만든 것은 머리가 너무 크고 목은 너무 가늘다. 손은 너무 크고 팔은 너무 작다. 다리는 너무 작고 발꿈치는 너무 크다. 그래서 마치 귀신과 같구나."

신을 부정하는 사람도 인간 본래의 심정과 양심을 부정하지는 못할 것이다. 즉 인간 본래의 심정과 양심은 신에 속해 있는 것이다.

우리는 앞으로만 가야하는 유한자이다

우리는 때로 용감하게 도전할 필요가 있습니다. 그러면 우리는 그 일에서 자유롭게 될 것입니다. 진정 살아 있는 물고기는 뒤를 돌아보지 않고 물을 거슬러올라갑니다.

지나간 것은 돌아보아도 아무것도 없습니다. 우리는 오직 앞을 향해 가고 있을 뿐입니다. 용기는 과거에 대한 회한을 버리게 합니다.

우리는 우리 자신의 미완으로 끝난 일에 대해 많은 걱정을 하며 삽니다. 우리의 마음은 마치 고물창고와 같습니다. 우리의 일은 미완으로 끝나는 일이 비일비재합니다. 우리에게 있어서 완전하게 마무리되는 일은 아무것도 없습니다. 우리는 인간이기 때문입니다.

우리는 한 가지 일을 채 끝내지도 않은 채 불완전한 채로 한쪽으로 밀어 둡니다. 그리고는 또 다른 일을 시작합니다.

이렇게 우리는 점점 더 무거운 삶의 짐을 지게 되는 것입니다. 우리는 우리 자신의 부족함을 인정하고 하나의 일을 확실하게 마무리했을 때 마음의 진정한 자유를 얻게 될 것입니다.

❖❖❖

어떤 사람이 위독한 병에 걸렸습니다. 훌륭한 의사가 있었는데 그는 점을 치고 말했습니다.

"항상 꿩고기 한 종류만 먹으면 병을 고칠 수 있습니다."

환자는 시장에 가서 꿩 한 마리를 샀습니다. 그러나 그는 그것을 먹고는 더 먹지 않았습니다.

얼마 후 의사가 그를 보고 물었습니다.

"당신 병은 완쾌된 건가요?"

그는 대답했습니다.

"의사님은 전에 내게 늘 꿩고기를 먹으라고 하셨습니다. 그래서 지금 한 마리를 먹고 감히 다시 먹지 않습니다."

의사는 다시 말했습니다.

"꿩 한 마리를 다 먹었으면 왜 또 먹지 않는 겁니까? 당신은 지금 꿩 한 마리만 먹고 어떻게 병이 낫기를 바라십니까?"

삶이란 95%의 실패를 겪으면서 5%의 성공 가능성에 도전하는 노력이다.

나와 너라는 구별이 사라질 때 하나가 된다

　마틴 부버는 『나와 너』란 책에서 "기도를 통하여 얻는 경험은 '나와 너의 경험'이라고 말했습니다. 기도를 통하여 얻는 경험은 진정한 '나와 너의 경험'인 것입니다. 신은 너로 표현되어 있습니다. 그 '너'는 '나'가 됩니다. 우리는 신과 대화 할 수 있는 능력을 가지고 있습니다.

　그러나 불교에는 '나와 너'의 상호 교류가 있다 하더라도 '너'는 어디까지나 하나의 개체로 남을 뿐입니다. '나와 너'의 대화는 있지만 거기에는 아직도 '나'와 '너'라는 두 개가 존재하는 것입니다.

　진정한 대화란 '나'와 '너'의 구별이 완전히 사라져 버릴 때만 가능합니다. 주체와 객체가 하나로 될 때라야 가능합니다. '나'도 없고 '너'도 없을 때, '찾는 자'도 없고 '찾아야 할 대상'도 없을 때 조화의 세계가 있는 것입니다.

　간다르바 국에 마침 흉년이 들었습니다. 백성들 중 많은 사람들이 먹을 것을 찾아 다른 나라로 가게 되었습니다. 이들은 도중에 바라신

산을 지나게 되었습니다.

그 산에는 본래부터 사람을 잡아먹는 나쁜 귀신 락사사가 많았습니다.

그들은 산중에 모여 잠을 잤습니다. 산중에는 바람이 몹시 찼기 때문에 그들은 불을 피우고 누워 있었습니다. 그런데 그들 중에 추위를 몹시 타는 사람이 있었습니다. 그는 장난으로 귀신 락사사의 옷을 입고 불을 쪼이며 앉아 있었습니다.

그때 옆에 있던 어떤 사람이 잠이 깨었습니다. 그런데 이 사람은 불 옆에 귀신 락사사가 앉아 있는 것을 보고는 놀라 그만 그곳에서 달아나 버렸습니다. 그 바람에 잠자던 사람들도 놀라 엉겁결에 모두 도망쳤습니다. 그 락사사의 옷을 입은 사람도 놀라 그들을 쫓아 죽어라 도망쳤습니다.

앞서 달아났던 사람들은 뒤에 락사사가 쫓아오는 것을 보고 해치러 오는 거라고 생각하고 두려운 나머지 산을 넘고 물을 건너 구렁에 몸을 던졌습니다. 그들은 다치고 극도로 피로하여 모두 쓰러졌습니다. 다음날 날이 밝아서야 비로소 그들은 락사사의 옷을 입은 사람이 자신들의 동료임을 알게 되었습니다.

생물을 포함한 모든 존재는 서로가 의지해 살아가고 있다. 끝없이 주고받으면서 우주적인 질서와 조화를 이루고 있는 것이다.

죽음을 알아야 삶을 알 수 있다

죽음을 이해하지 못한다면 결코 이 삶을 이해하지 못할 것입니다. 죽음 속으로 깊이 들어가면 생명은 결코 소멸되지 않는다는 것을 깨닫게 됩니다. 이는 종교의 가르침입니다. 죽은 후에도 삶은 계속된다는 것입니다. 이를 믿게 되면 삶은 죽음에게 아무런 영향도 받지 않는다는 것을 알게 됩니다. 우리는 삶에 대하여 많은 생각을 하고 죽음에 대해 많은 생각을 합니다. 하지만 현실적인 체계로는 제대로 이해되지 않습니다. 삶은 영원히 그 자체입니다. 우리의 삶은 그대로 있는데 시간이 우리의 삶 위로 지나가고 있을 뿐입니다. 그 시간에 의해 육체만이 죽을 뿐입니다. 죽음 그 자체만이 죽어갈 뿐입니다. 삶은 영원히 계속됩니다. 우리는 이러한 육체의 죽음을 넘어, 그 뒤에 숨겨져 있는 삶을 발견하기 위해 종교를 찾게 되는 것입니다. 삶은 영원하기 때문에 그 단어가 있는 것이며, 죽음 또한 그렇습니다. 죽음 뒤에는 삶이 있고 죽음은 삶과 함께 공존하고 있는 것입니다. 우리가 매일 잠을 자고 깨어나는 것은 작은 죽음과 작은 살아남의 반복인 것입니다. 죽음이란 잠보다 제법 긴 잠에 불과 할 뿐일지도 모릅니다.

❖❖❖

오래된 집이 있었습니다. 사람들은 모두 그 집에 나쁜 귀신이 있다고 생각했습니다. 그래서 그들은 모두 두려워하며 감히 거기서 자거나 쉬지 못했습니다.

그때 자기가 대담하다고 생각하는 한 사람이 이렇게 말했습니다.

"내가 저 집에 들어가 하룻밤을 지내겠다."

그는 곧 들어가 잤습니다.

뒤에 또 한 사람이 있었는데 그는 자신이 앞의 사람보다 더 대담하고 용맹스럽다고 생각했습니다.

그때 곁에 있던 다른 사람이 말했습니다.

"이 집에는 항상 나쁜 귀신이 있다."

이 말을 들은 그는 문을 밀고 들어가려 했습니다. 그러자 먼저 들어간 사람은 그것을 귀신이라 생각했습니다. 그래서 그는 곧 안에서 문을 막고 그가 들어오지 못하게 했습니다. 뒷 사람도 또 그것을 귀신이라 생각하고 밀고 들어가려 애썼습니다. 그렇게 다투다가 날이 밝았습니다. 그래서 그들은 서로 상대방을 보고 비로소 귀신이 아닌 것을 알았습니다.

죽음을 미워하고 싫어하는 것은 오랫동안 객지를 방랑하다가 집으로 돌아가는 것을 잊어버리는 것과 같은 것이다. 죽음은 고향으로 돌아가는 것이다. 두려울 것도 싫어할 것도 없다.

우리 몸은 마음을 담고 있는 그릇이다

　자신을 몸이라 생각한다면 그건 온전한 생각이 아닙니다. 몸은 우리의 온전한 실체가 아닙니다. 우리의 몸은 우리의 마음을 담고 있는 그릇에 불과합니다.
　마음을 우리 자신이라 생각해도 역시 옳지 않습니다. 마음을 담는 그릇인 몸이 없으면 마음도 사라지기 때문입니다.
　이 세상에 살면서 우리에게 있는 것을 우리는 마음이라 합니다. 그리고 몸을 두고 자유로이 저 세상에도 존재할 수 있는 것은 영혼인 것입니다. 우리는 우리 자신의 진정한 존재를 깨닫게 되면 자신의 몸과 마음을 지켜보는 자로서의 자신을 보게 됩니다.
　본질을 알지 못한다면 우리는 다른 길로 가게 될 것입니다. 길은 수만 가지가 있습니다. 그러나 참다운 길은 오직 하나뿐입니다. 참다운 길이란 길이 아닙니다.
　하늘은 어느 곳으로 가지 않습니다. 우주의 본질은 하늘이기 때문입니다. 하늘이 흘러가는 것이 아니라 구름이 흘러갈 뿐입니다. 구름은 나그네와 같습니다. 구름은 여기저기로 정처 없이 흘러 다니며 길을 찾을 것입니다. 그러나 하늘은 언제나 거기 그대로 있습니다. 하늘은 길을 가지고 있지 않습니다. 하늘은 갈 곳이 없습니다. 하늘은 모든 것 가운데 있는 모든 것이기도 합니다.

❖❖❖

음탕한 여자가 있었습니다.

그는 욕정이 왕성해지자 그 남편을 미워한 나머지 늘 죽일 기회를 엿보았습니다. 그러나 갖가지 계책을 다 써보았지만 기회를 얻을 수 없었습니다.

마침 남편이 이웃 나라에 사신으로 가게 되었습니다. 부인은 계획을 세우고 독이 든 환약을 만들어 남편을 해치려고 거짓으로 남편에게 말했습니다.

"당신이 지금 멀리 사신으로 가시는데, 혹 배고플 때가 있을까 걱정입니다. 나는 지금 이 환희 환 오백 개를 만들어 당신에게 드립니다. 당신이 이 나라를 떠나 다른 나라로 가시어 배가 고프실 때에는 이것을 드십시오."

남편은 그 말대로 그것을 받고 다른 나라로 갔습니다. 밤중이 되자 그는 숲속이 무서워졌습니다. 모진 짐승들이 무서워졌던 것입니다. 그는 나무에 올라가 피해 있었습니다. 그러면서 부인이 준 환약은 잊어버리고 나무 밑에 두었습니다.

마침 그날 밤에 오백 명의 도적이 그 나라 왕의 말 오백 마리와 여러 가지 보물을 훔쳐 가지고 오다가 그 나무 밑에서 쉬게 되었습니다. 너무 빨리 달려 왔기 때문에 그들은 모두 배가 고프고 목이 말랐습니다. 마침 나무 밑에 있는 환희 환을 보고 그들은 제각기 한 알씩 먹고는 독약의 기운으로 오백 명이 한꺼번에 죽고 말았습니다.

날이 밝아, 그는 도적 떼들이 모두 나무 밑에 죽어 있는 것을 보았습니다. 그러자 그는 꾀를 내어 칼과 화살로 그 시체들을 베기도 하고 찌르기도 했습니다. 그리고 그 말들과 보물을 거두어 가지고 그 나라를 향해 달려갔습니다.

그때 왕은 많은 군사를 거느리고 도적들을 뒤쫓아 왔습니다. 왕은 도중 그를 만났습니다.

왕은 물었습니다.

"그대는 어떤 사람인고? 그 말은 어디서 얻었느뇨?"

그는 대답했습니다.

"저는 이웃 나라 사람이옵니다. 길에서 도적떼를 만나 싸우게 되었사옵니다. 저는 그들을 칼로 베고 활로 쏘았사옵니다. 그래서 지금 오백 명의 도적 떼는 모두 저 나무 밑에 죽어 있습니다. 그래서 나는 이 말과 보물을 얻어 왕의 나라로 가져가는 중이옵니다. 만일 믿지 못하시겠다면 사람을 보내어 확인해 보십시오."

왕이 신하를 보내 확인해 보았더니, 그의 말은 사실이었습니다. 왕은 매우 기뻐하면서 처음 보는 일이라고 찬탄했습니다. 궁정으로 돌아간 왕은 곧 많은 보물을 그에게 주고 또 마을을 다스리는 직책도 내렸습니다.

왕의 대신들은 모두 그를 시기하여 왕에게 아뢰었습니다.

"저 사람은 멀리서 온 사람으로서 아직 믿을 수 없사온데, 왜 그처럼 심히 사랑하고 우대하시옵니까? 그리고 벼슬이나 상은 저희들보다 더 많사옵니다."

그는 그 말을 듣고 이렇게 말했습니다.

"누가 용맹스럽고 힘이 세어 나와 시합하려는가? 저 넓은 벌판에 가서 기능을 겨루어 보자."

대신들은 깜짝 놀라 감히 그와 대적하려고 나서지 못했습니다.

그로부터 얼마 후, 그 나라에 사나운 사자가 나타났습니다. 사자는 길을 막고 사람을 죽였습니다. 그래서 궁정으로 가는 길까지 끊어지게 되었습니다.

대신들은 서로 의논했습니다.

"이 외국 사람은 스스로 용맹스럽고 힘이 세어 아무도 대적할 이가 없다고 하오. 지금 만일 저 사자를 죽여 나라의 화를 없앤다면 그것은 참으로 장하고 놀라운 일이 아니겠소."

그들은 이렇게 의논하고 왕에게 아뢰었습니다. 왕은 이 말을 듣고 그에게 칼과 몽둥이를 주어 곧 보내었습니다.

그때 그는 이미 왕의 명령을 받은지라, 뜻을 굳게 하여 사자에게로 향해 나아갔습니다. 사자는 그를 보고 으르렁거리며 달려들었습니다. 그는 당황하여 나무 위로 올라갔습니다. 사자는 입을 벌리고 머리를 치켜들어 나무를 올려다보고 있었습니다. 그는 무섭고 급한 나머지 잡았던 칼을 떨어뜨렸습니다. 마침 그 칼은 사자 목을 찔러 사자는 이내 죽고 말았습니다.

그는 기뻐하며 왕에게 가서 아뢰었습니다. 그 후로 왕은 더욱 그를 사랑하고 우대했습니다.

그리고 그 나라 사람들도 그를 인정하고 공경하며 모두 그를 찬탄했습니다.

자기의 몸과 마음과 딴판인 다른 어떤 사람이 되고자 하지 말라. 그것은 불행의 시초다.

강물은 아무리 막아도
흐름의 본질은 변하지 않는다

    흐르는 강물을 영원히 멈추게 할 수는 없습니다. 그 흐름을 둑을 막아 얼마간은 멈출 수 있을지라도 영원히 멈추게 할 수는 없습니다. 강물은 흐르게 되어 있습니다. 마찬가지로 모든 피조물은 지금 이 순간에도 변하고 있습니다. 모든 것은 흘러가고 있습니다. 한번 가버린 것은 다시는 붙잡을 수 없는 것입니다. 가버린 것은 영원히 되돌아오지 않습니다.

    우리가 보기에 영원히 변하지 않는 것들도 있지만 사실 그 것들은 조금씩 변해가는 것입니다. 겉으로 변화가 없는 듯해도 실제로는 아주 조금씩 변해가는 것입니다. 그래서 우리가 보는 하늘과 옛 사람들이 보았던 하늘의 견해가 달라지는 것이 아닐까요!

    물론 파르메니데스는 "그 어느 것도 변하지 않는다. 만물은 언제나 그대로 있다."고 주장했습니다. 피상적으로 보면 그 말도 맞습니다. 하지만 이는 실제로 조금씩 변해가는 것들입니다. 우리가 보는 강물은 언제나 같은 강물에 지나지 않습니다. 모든 물은 마찬가지입니다. 물은 모두 H_2O로 이루어져 있습니다. 지금 흐르는 강물이나 백 년 뒤에 흐르는 강물이나, 아니 몇천 년 뒤에 흐르는 강물이나 성분은 마찬가지입니다.

아기였을 때 강물을 보던 기억이 납니다. 청년기에 보았던 강물을 기억합니다. 늙어서도 마찬가지로 이 강물을 보게 될 것입니다. 우리가 이 강물을 기억하는 것은 우리 존재의 심연 속에는 결코 변하지 않는 영원불멸의 요소가 있음을 반증하는 것입니다. 어린 시절이 왔다가 가버리고 젊음이 왔다가 가버립니다. 그리고 우리는 백발이 될 것입니다. 그러나 우리 존재의 심연에는 영원히 변하지도 않고 늙지도 않는 삶이 있습니다.

어떤 장자의 아들이 여러 장사꾼들과 함께 바다로 보물을 캐러 갔습니다.

장자의 아들은 바다에서 배를 다루는 방법을 잘 알고 있었습니다.

그는 바다에 들어가 물이 돌거나 굽이치거나 거센 곳에서는 어떻게 배를 잡아야 하는지, 어떻게 바로 하는지, 그리고 어떻게 머물러야 하는지 등에 대해 자신이 있었습니다. 장자의 아들은 여러 사람들에게 말했습니다.

"바다에 들어가는 방법을 나는 잘 알고 있소."

사람들은 그 말을 별로 믿지 않았습니다.

배가 바다로 들어간 지 얼마 되지 않아 선장이 병으로 갑자기 죽었습니다. 그래서 장자의 아들이 그를 대신해서 일을 맡게 되었습니다.

물이 굽이쳐 급히 흐르는 곳에 배가 이르렀습니다. 그때 그는 외쳤습니다.

"배를 이렇게 잡고 이렇게 바로잡아야 하는 것이오."

그러나 배는 빙빙 돌기만 하고 앞으로 나아가지 않았습니다.

결국 보물이 있는 곳에 이르기도 전에 배 안의 모든 사람들은 물에 빠져 죽고 말았습니다.

문명의 진화에 따라서 몸의 변화가 수반되는 것은 아니다. 그러므로 인간의 본질은 변화가 없는 것이다.

향기는 교감의 산물이다

    수노루는 사향을 내뿜습니다. 그러면 암노루들은 이 사향을 풍기는 노루의 향기에 취하여 몰려옵니다.
    향기는 가장 중요한 성적 감각 가운데 하나입니다. 냄새는 가장 강렬한 자극제인 것입니다. 아름다운 눈을 가진 사람을 보면 우리는 "눈이 참 아름답네요!" 라고 말합니다. 또 청각이 남달리 뛰어난 사람을 만나면 "귀가 참 밝네요!"라고 말합니다. 하지만 후각이 발달한 삶에겐 "참 냄새를 잘 맡네요!"라고 말하지 않습니다. 냄새를 잘 맡는다는 것은 정반대의 의미를 내포하고 있기 때문입니다. 그것은 냄새를 잘 구별할 수 있는 능력을 가지고 있다는 의미가 아니라 악취를 잘 맡는다는 의미인 것입니다. 인간의 후각은 이제 악취만을 맡는 기능으로 타락해 버린 것입니다.
    인간에게는 이제 냄새가 없습니다. 우리는 지금 이 순간에도 우리 자신의 성적인 냄새를 향수와 비누로 지워 버리고 있습니다. 우리는 우리 자신의 냄새를 두려워하고 있습니다. 냄새는 가장 강한 성의 자극제이기 때문입니다.
    동물들은 그들의 냄새를 통해서 사랑에 빠집니다. 동물들은 그들 각자의 독특한 냄새를 가지고 있습니다. 그들은 그들 자신의 냄새가 가장 잘 조화되었다고 느낄 때 사랑을 합니다. 그때 그들은 그들 자신의 냄새를 서로 섞음으로써 존재의 깊은 조화를 이루는 것입니다.

사향노루는 암컷이 필요할 때는 언제나 그 자신의 성적인 에너지를 향기로 바꿔서 암컷을 매혹시킬 수 있는 그런 능력을 가지고 있습니다. 암노루들은 그의 향기에 매혹되어 그에게로 달려오게 됩니다. 그러나 수노루는 자신의 냄새를 맡지 못합니다. 그러다가 그 자신도 역시 그 자신에게서 풍기는 그 냄새를 맡기 시작합니다. 그러나 그 사향이 어디서부터 오는지를 모릅니다. 그는 자신에서 풍기는 그 냄새를 찾아 이리 뛰고 저리 뜁니다. 그러나 그는 끝끝내 그 향기의 출처를 발견하지 못합니다.

우리도 이 사향노루와 다를 바가 없습니다. 행복이, 이 신비한 힘이, 그리고 희열이 어디로부터 오는지를 모르고 있습니다. 인간은 찾고 구하고 있습니다. 돈을 모으고, 명예를 구하고, 권력을 잡기 위해 여기저기 다닙니다. 그러면 냄새는 퍼져 나가는 것입니다. 우리의 아름다운 향기는 내면에 있습니다. 우리는 태어날 때부터 그 아름다운 인간의 향기를 배꼽 밑에 가지고 나왔습니다. 그럼에도 불구하고 우리는 그것을 찾아 엉뚱한 곳으로 돌아다니고 있는 것입니다.

❖ ❖ ❖

어떤 부부가 떡 세 개를 가지고 서로 나누어 먹게 되었습니다. 각기 한 개씩은 사이좋게 나누어 먹었습니다. 그리고 마지막 하나가 남았습니다. 부부는 서로 약속했습니다.

"누구든지 먼저 말을 하는 사람이 이 떡을 포기하기로 합시다."

두 사람은 약속을 하고 떡을 접시에 둔 채 말없이 시합에 응했습니다.

조금 있다가 도둑이 그 집에 들어오게 되었습니다. 도둑은 그들의 재물을 모두 훔쳤습니다. 그러나 그들은 약속한 것이 있었기 때문에 도둑을 보고도 말을 하지 않았습니다.

도둑은 그들이 말하지 않는 것을 보고 남편 앞에서 그 부인을 겁탈하려 했습니다. 그러나 남편은 그것을 보고도 말하지 않았습니다. 아내는 곧 '도둑이야' 하고 외치면서 남편에게 말했습니다.

"이 어리석은 놈아, 어쩌면 떡 한 개 때문에 도둑을 보고도 가만히 있는 거야?"

남편은 손뼉을 치고 웃으면서 말했습니다.

"아, 이제 이 떡은 내 꺼다."

사랑은 봄에 피는 꽃과 같다. 온갖 것에 희망을 품게 하고 훈훈한 향내를 풍기게 한다. 때문에 사랑은 향기조차 없는 메마른 폐허나 오막살이집일지라도 희망을 품게 하고, 훈훈한 향내를 풍기게 한다.

우리는 꿈을 먹고 사는 존재이다

    희망이 좌절되고, 꿈이 깨어졌을 때 우리는 낙망하고 포기합니다. 그리고는 또 다른 희망을 가집니다. 또 다른 꿈을 꾸기 시작합니다. 우리는 꿈이 없이는, 희망이 없이는 존재할 수 없는 생각하는 동물이기 때문입니다. 사람은 누구나 그 꿈이 보잘것없는 것이든 원대한 것이든 꿈을 갖고 살아갑니다. 그러한 꿈이 없다면 우리 인간은 좌절하여 죽어 버리고 말 것입니다. 자살은 그 꿈이 상실되었을 때 택하는 방법입니다. 아주 희미한 희망이라도 남아 있다면 우리는 살 수 있습니다. 그래서 꿈은 아름다운 것이랍니다.
    그 꿈은 좌절되는 것일 수도 있습니다. 그 꿈이 성취되지 않는 것은 노력의 부족 때문도, 용기의 부족 때문도 아닙니다. 이 세상에서 성취할 수 있다는 것은 실패와 좌절뿐일 수도 있습니다. 인간은 유한한 존재입니다. 그 누구도 자신의 꿈 전체를 이룬 사람은 없습니다.
    우리는 이 유한 속에서 교훈을 얻어야 합니다. 우리가 결국 많이 얻을 수 있는 길은 우리의 유한을 인정하고, 그 속에서 무한을 찾는 길뿐입니다. 그것은 바로 보이지 않는 마음의 세계에 대한 탐구입니다. 현상의 세계는 남에게 빼앗길 수 있는 세계이지만 보이지 않는 세계는 내 내면에 있기 때문에 나의 온전한 것이 되는 것입니다.

❖ ❖ ❖

어떤 사람이 남을 미워하여 늘 시름에 잠겨 있었습니다. 한 사람이 그에게 물었습니다.

"당신은 왜 늘 근심에 잠겨 있는 거요?"

그는 대답했습니다.

"어떤 사람이 나를 몹시 헐뜯는데 힘으로는 그에게 보복할 수 없어요. 어떻게 하면 보복할 수 있을지 그 방법을 모르겠단 말이오. 그게 근심거리외다."

그 사람은 말했습니다.

"비타라 주문이라면 그를 해칠 수 있소. 그러나 다만 한 가지 걱정이 있소. 만일 그를 해치지 못하게 될 경우 도리어 자신에게 그 해가 끼치게 된다는 거요."

그는 이 말을 듣고 매우 기뻐하면서 말했습니다.

"그 주문을 내게 가르쳐 주기만 하시오. 비록 나 자신을 해치는 일이 있더라도 반드시 그를 해치고야 말 것입니다."

희망은 영원한 기쁨이다. 희망은 인간이 소유하고 있는 토지와 같은 것이다. 그러므로 희망은 해마다 수익이 오르며, 결코 다 써 버릴 수 없는 확실한 재산과 같다.

변화가 없는 삶은 이미 죽은 삶이다

    우리는 과거라는 틀 속에 안주해선 안 됩니다. 날마다 변화해 가야 합니다. 우리가 과거 속에서 벗어나지 않고 살아간다면 우리는 무기체인 존재로 전락하는 것입니다. 변화가 없는 삶은 이미 죽은 삶입니다. 일상적인 습관 속에서 살고 있음을 뜻합니다. 매일 똑같은 사람들 속에서 살아가고 있을 뿐입니다. 같은 행위만을 반복하고 있습니다

    우리는 다소 힘겹고 어려워도 무엇인가를 하려는 행동을 해야 합니다. 분노가 없는, 좌절이 없는 삶은 이미 죽은 삶입니다. 살아 있다는 것은 괴로움이며, 화냄이며, 슬픔이며, 기쁨인 것입니다.

    말이 없는 무기체와 우리는 달라야 합니다. 우리는 생명이 있는 유기체이기 때문입니다. 우리는 움직일 때마다 주변에 영향을 미치는 존재입니다. 그래서 우리는 살아 있는 존재입니다.

    우리는 여타의 동물과는 달리 생각하는 존재이며, 그 생각을 확장할 수 있는 사고를 지닌 인간입니다. 우리는 살아 있는 실재이며, 사고 할 수 있는 능력을 지니고 있습니다. 그런데 우리가 여기서 더 이상의 사고를 멈추고 하루하루 먹고, 마시고 잠드는 것으로만 만족한다면 우리

는 무기체와 다를 바가 없습니다. 동물과 다르지 않습니다. 우리는 보다 깊은 생각의 세계를 가져야 합니다.

❖❖❖

어떤 사람이 북 인도에서 남 인도로 이주해서 살게 되었습니다. 그는 사는 동안 그곳의 여자를 맞이하여 부부가 되었습니다.

어느 날 그 아내가 남편을 위해 음식을 차렸습니다. 남편은 급히 먹느라고 뜨거운 것도 생각지 않았습니다. 아내는 이상하게 생각되어 남편에게 말했습니다.

"여기는 사람을 겁탈할 도둑도 없는데 무슨 급한 일이 있어 그처럼 급하게 드십니까?"

남편은 대답했습니다.

"비밀로 해야 할 좋은 일이 있는데 당신에게는 말할 수 없소."

아내는 그 말을 듣고 이상한 일이 있으리라 생각하고는 간절히 물었습니다.

남편은 한참만에야 대답했습니다.

"우리 조부 때부터 항상 음식을 빨리 먹는 법을 지켜왔소. 나도 지금 그것을 본받기 위해 빨리 먹는 것이오."

살아간다는 것은 변화함을 뜻하고, 변화한다는 것은 성숙함을 뜻하고, 성숙한다는 것은 끊임없이 새로운 자기를 창조해 간다는 뜻이다.

우리가 가장 두려워하는 존재는 인간이다

우리는 낯선 사람에 대한 두려움을 갖고 있습니다. 세상 무엇보다도 우리를 두렵게 하는 것은 어떤 동물이나 괴물이 아니라 사람인 것입니다. 그런 사람들이 우리에게 익숙해지면 우리에게 그들은 다정한 이웃이 되거나 사랑하는 사람이 됩니다. 우리는 사랑하는 사람엔 익숙합니다. 그리고 우리는 그들을 믿을 수 있습니다.

사랑은 모든 두려움을 몰아냅니다. 우리가 진정 믿는 신이 있다면 신은 우리에게 두려움의 대상으로가 아니라 사랑의 대상으로 다가오는 것입니다. 우리가 신을 사랑하기 전에 신은 우리를 사랑하고 있기 때문입니다.

진실한, 그리고 살아 있는 종교는 젊은 마음의 소유자를 원합니다. 성인들은 모두 젊은이였습니다. 마음이 젊다는 것은 새롭게 살아 있는 것이 일어나고 있다는 뜻입니다. 노인들이 모여드는 곳에는 아무런 새로운 일도 일어나지 않습니다. 거기에는 역동적인 에너지가 없습니다. 젊은이들이 있는 곳에는 언제나 역동적인 에너지가 있습니다. 그래서 젊은이는 아름다운 것입니다. 젊음은 아름답습니다. 그래서 우리는 젊은 날을 그리워하며 사는 것입니다.

❖❖❖

어떤 장자가 하인에게 돈을 주어 남의 농장에 있는 과일을 사 오라고 명했습니다.

"달고 맛난 것을 사오너라."

그 사람은 돈을 가지고 가서 과일을 사려고 했습니다.

과일가게 주인은 말했습니다.

"우리 집의 과일은 모두 맛나고 좋아 나쁜 것이 하나도 없습니다. 당신이 하나 맛보면 알 것입니다."

하인은 맛을 본 뒤에 사야겠다고 생각했습니다.

"나는 이것들을 모두 맛본 뒤에 사겠소. 하나만 맛보고 어떻게 알겠소."

그리고는 그는 곧 과일을 가져다 하나하나 맛본 뒤에 그것을 가지고 집으로 돌아왔습니다.

장자는 그것을 보고 맛이 없다며 먹지 않고 전부 버렸습니다.

인생에 있어서 가장 해로운 착오는 인간이 시시각각으로 죽음에 가까워지고 있다는 사실을 잊어버리고 있는 점이다.

나의 환희는 나만의 것이다

한 여자가 사랑의 행위를 통해서 오르가슴의 경지에 이를 때 그 오르가슴은 그녀 자신의 것입니다. 상대방 남자는 단지 그녀로 하여금 그녀 자신의 오르가슴으로 들어가게 하는 협력자에 불과합니다. 남성은 그녀 자신의 오르가슴으로 들어가게 하는 방아쇠의 구실을 하는 것일지도 모릅니다. 그러나 오르가슴은 어디까지나 그녀 자신의 개인적인 오르가슴인 것입니다.

그녀와 한 몸이 될 수 있지만 자신의 오르가슴은 어디까지나 자신만의 오르가슴입니다. 자신이 오르가슴의 경지에 들어갔다고 해서 오르가슴을 그녀와 나누어 가질 수는 없습니다. 오르가슴은 개인적인 것이기 때문입니다. 그녀는 관찰자로서 무슨 일이 일어나고 있는가를 보고 있을 뿐입니다.

마찬가지로 그녀가 오르가슴의 경지에 들어갔을 때 상대는 관찰자에 불과합니다. 그녀 자신의 오르가슴 속에 참여할 수는 없습니다.

남녀가 똑같이 오르가슴의 경지에 들어간다 하더라도 오르가슴이 그녀의 오르가슴으로 더해지거나 감해지는 것은 아닙니다. 자신의 오르가슴은 그녀의 오르가슴에 어떠한 영향도 받지 않습니다. 자신의 오르가슴은 어디까지나 자신의 오르가슴입니다. 나 외에 깨달음을 얻어 기쁨의 경지에 들어가는 것도 이와 마찬가지입니다. 다른 이들은 나의 깨달음에 협력자는 될 수 있어도 그 기쁨에는 동참할 수 없습니다. 역으로 나는 다른 이가 깨달음을 얻는데 동참할 수는 있어도 그 깨달음의 기쁨은 그의 기쁨일 뿐입니다.

❖ ❖ ❖

어떤 사람에게 두 명의 부인이 있었습니다. 그런데 한 부인을 가까이하면 다른 한 부인이 질투를 하기 때문에 어떻게 할 수가 없었습니다.

그 사람은 하는 수 없이 두 아내 가운데서 잠을 자기로 약속했습니다.

마침 큰비가 내렸습니다. 집이 새어 물과 흙이 한꺼번에 내려와 그의 눈에 떨어졌습니다.

그러나 그는 이미 한 약속이 있었기 때문에 일어나 피하지 않았습니다. 그러다가 그는 마침내 실명하고 말았습니다.

진실로 마음을 만족시키는 행복은 무엇보다도 먼저 만사에 허욕을 부리지 말아야 한다.

기능은 사용할수록 발전한다

우리가 가지고 있는 기능은 자주 이용해야 합니다. 그 기능을 오랫동안 사용하지 않으면 그 기능은 퇴화되거나 불구가 되기 마련입니다. 할 수 있다는 생각만으로도 능력은 배가됩니다. 긍정적인 생각은 곧 능력입니다. 자신에 대한 믿음은 능력이 되는 것입니다. 반면에 할 수 없다는 생각은 능력을 감소시킵니다. 부정적인 생각은 우리를 무능력으로 이끕니다.

자신에 대한 믿음이 있어야 무슨 일이든 제대로 할 수 있습니다. 자신에 대한 믿음이 있는 사람은 무슨 일이든 자신감 있게 할 수 있습니다. 언제나 당당합니다. 믿음이 곧 능력인 것입니다.

반면에 자신에 대해 부정적인 사람은 패배주의자입니다. 그는 매사에 자신감이 없습니다. 무슨 일이 있어도 망설이기만 할 뿐입니다. 그러다가 기회를 잃습니다. 그리고는 뒤늦게 그 일에 뛰어듭니다. 그래서 그는 늘 실패를 거듭하게 되는 것입니다. 믿음은 곧 능력과 정비례하는 것입니다.

❖❖❖

어떤 사람이 처가 집에 갔다가 쌀 찧는 것을 보았습니다. 그는 쌀을 훔쳐 한 입 넣었습니다. 그때 아내가 와서 그에게 말했습니다. 그러나 남편은 입에 쌀이 가득 차 있었기 때문에 대답을 할 수 없었습니다.

아내는 그가 말하지 않는 것을 이상하게 생각했습니다. 아내는 손으로 남편을 만져보고는 입안에 종기가 났다고 생각해 아버지에게 말했습니다.

"제 남편이 오자마자 갑자기 입안에 종기가 나서 도무지 말을 하지 못합니다."

그 아버지는 곧 의사를 불러 고치게 했습니다. 의사는 그의 입을 살펴보고 나서 말했습니다.

"이 병은 매우 중한 병입니다. 칼로 입을 째야 됩니다."

의사는 곧 칼로 입을 쨌습니다. 그 순간 쌀이 쏟아져나와 그만 사실이 드러나고 말았습니다.

진실로 마음을 만족시키는 행복은 우리들의 온갖 능력을 힘껏 행사하는 데에 있다.

기다림은 희망의 산물이다

　기다림이 없는 인간은 허무합니다. 기다림은 우리에게 희망을 줍니다. 삶의 의욕을 줍니다. 우리는 그 기다림의 결과가 무의 상태로 다가오든, 실패로 끝나든, 울음을 가져다 주든 지금 중요한 것은 그것이 아닙니다. 기다림은 우리를 살게 해주는 에너지원입니다.
　우리는 기다리는 동안은 행복합니다. 준비하는 동안 행복을 느낍니다. 아직 아무 일도 일어나지 않았습니다. 하지만 언젠가 무슨 일이든 일어날 것입니다. 무슨 결과든 주어질 것입니다. 그것은 눈물이거나, 아픔, 고뇌일지도 모릅니다. 혹은 우리의 바램대로 행복, 기쁨, 웃음일지도 모릅니다. 하지만 그런 것들이 중요한 것이 아닙니다.
　우리는 그 알 수 없는 고도를 기다리는 희망으로 살고 있다는 것이 중요한 것입니다.

❖❖❖

　어떤 사람이 검은 말을 타고 전쟁터에 나갔습니다. 그러나 그는 적이 두려워 감히 싸우지 못했습니다.
　그래서 얼굴에 피를 바르고 거짓으로 죽은 것처럼 꾸며 죽은 사람들 속에 누워 있었습니다.

그가 탔던 말은 다른 사람이 가져갔습니다.

군사들이 모두 떠나자, 그도 흰 말꼬리를 베어 가지고 집으로 돌아왔습니다. 그가 집으로 돌아왔을 때 옆 사람이 그에게 물었습니다.

"당신이 탔던 말은 어디에 두고 걸어오는 거요?"

그는 대답했습니다.

"내 말은 전쟁터에서 죽었다오. 그래서 그 꼬리를 가지고 왔소."

옆 사람이 말했습니다.

"당신 말은 검은 말이었잖소. 그런데 왜 흰 꼬리입니까?"

그는 말문이 막히고 말았습니다.

어떠한 운명에도 과감하게 맞서서 끝까지 성취하고 한없이 탐구하여 최선을 다한 뒤 기다리자.

우리는 탄생의 의미를 중요시해야 한다

인간은 순결의 언어를 잊어버렸습니다. 인간은 명상의 중요성을 잃어버렸습니다. 명상은 자신을 성찰하는 도구입니다.

우리가 왜 이 세상에 태어났는지를 모르고 삽니다. 아니 생각조차 하지 않습니다. 우리 자신이 누구인지 우리는 알지 못하고 있습니다. 우리 자신이 왜 여기 와 있는지를 우리는 알지 못합니다. 그리고 그러한 것에 관심도 없습니다.

우리는 진정 우리가 어떤 존재인지를 알려는 노력을 하지 않습니다. 그 노력의 씨앗이 바로 명상입니다. 우리는 그 명상의 잃어버렸습니다. 사무엘 베케트의 그 기다림, 고도는 우리와 먼 이야기가 되었습니다. 기다림, 끝없는 기다림만이 있을 뿐입니다. '고도를 기다리며……' 만이 있을 뿐입니다. 고도가 올지, 안 올지는 아무도 모릅니다. '고도'가 누구이지 아는 사람은 없습니다. 그러나 우리는 무엇인가를 기다리지 않으면 안 되는 운명을 타고났습니다. 그 기다림을 우리 자신이 그 하나의 이미지를 만들어 놓았습니다. 영원히 오지 않는 그 이미지를 우리는 애타게 기다리고 있는 것입니다.

❖ ❖ ❖

옛날 어떤 국왕이 새롭게 법을 제정했습니다.

"어떤 브라만이라 할지라도 이 나라 안에서는 몸을 깨끗이 씻어야 하오. 만일 깨끗이 씻지 않은 사람이 있으면 온갖 괴로운 일을 하게 할 것이오."

그때 어떤 바라문이 빈 물통을 들고 '깨끗이 씻었다'고 거짓으로 말했습니다. 옆 사람이 그 물통에 물을 부어 주었습니다. 그러자 그는 그것을 쏟아 버리면서 말했습니다.

"나는 깨끗이 씻지 않아도 좋습니다. 왕이나 깨끗이 씻으소서."

세상은 큰 극장과 같다. 왜냐하면 모든 사람이 제각기 맡은 자기의 연기를 하지 않으면 안 되는 무대이기 때문이다.

우주는 늘 원점을 향한다

　　수증기는 바다에서 올라갑니다. 그러나 바다는 감소되지 않습니다. 그렇게 올라간 수증기는 구름이 됩니다. 그리곤 다시 비가 되어 땅으로 스미고 개울이 되어 다시 바다를 향합니다. 그러나 바다 그 자체는 조금도 불어나지 않습니다. 덜어내도 마찬가지요, 더 부어도 마찬가지입니다. 진리나 본질은 이런 현상과 같이 더 보탤 수도, 더 덜어낼 수도 없는 것입니다. 우리가 이 세상을 살아가면서 탐구하고, 알려고 하는 것은 바로 그러한 본질입니다. 우리는 그것을 아는데 평생을 보내다가 조금 알 것 같은 순간 이 세상을 떠나게 되는 것입니다.

❖❖❖

　　어떤 사람이 항아리 속에 곡식을 가득 채워 두었습니다. 하루는 낙타가 항아리 속에 머리를 넣고 곡식을 먹다가 머리를 빼지 못하게 되었습니다. 이를 본 낙타 주인은 걱정을 하고 있었습니다.
　　어떤 노인이 와서 그에게 말했습니다.
　　"걱정하지 마시게. 내가 낙타 머리를 꺼내는 방법을 가르쳐 줌세. 만일 내 말대로 한다면 가장 빨리 구해낼 수 있네. 자네는 저 낙타의 머리를 베게. 그러면 저절로 나오게 될 게야."

그는 곧 그의 말대로 칼로 낙타의 머리를 베었습니다. 그러자 그만 낙타도 죽고 또 독도 깨져 버렸습니다.

우선 자기 눈앞의 일을 깊이 파악할 필요가 있다. 우주의 섭리는 한 오라기의 잡초 속에도 여지없이 깃들여 있는 것이다.

인간의 성(性) 속에는 무한한 변화의 가능성이 숨어 있다

우리의 성은 깊은 동굴 속과도 같습니다. 그 속에는 무한한 변화의 가능성이 숨어 있습니다. 그래서 인간은 그 성을 탐하는 성욕을 갖고 있습니다. 그 속에는 그 무엇으로도 부술 수 없는 다이아몬드가 숨겨져 있습니다. 성의 에너지 속에는 존재의 문을 여는 열쇠가 있습니다.

모든 생명은 성 에너지로부터 태어납니다. 성 에너지는 삶의 가장 중요한 본질입니다. 삶은 성 에너지를 통해서 옵니다. 새로운 한 생명의 탄생은 성 에너지를 통해서 생성됩니다. 미지의 생명이 삶 속으로 들어오는 것입니다. 성 에너지는 가장 창조적인 에너지입니다. 성 에너지 속에는 무한한 창조성과 가능성이 있습니다.

성은 진흙 속에 떨어진 진주와 같습니다. 진흙 속에 묻혀 있는 다이아몬드와 같습니다. 우리는 언제든지 다이아몬드를 이 진흙 속에서 꺼내어 깨끗이 닦을 수 있습니다. 진흙이 아무리 깊다 해도 다이아몬드를 부술 수는 없습니다.

❖❖❖

어떤 농부가 도시를 거닐다가 그 나라 공주의 얼굴을 보게 되었습니다. 그날부터 농부는 공주에 대한 사모의 정을 막을 수가 없었습니다. 서로 정을 통할 것을 생각했지만 어떻게 할 길이 없었습니다. 농부는 결국 얼굴빛이 노래지면서 중한 병이 들었습니다.

여러 친척들은 그를 보고 물었습니다.

"왜 그렇게 된 거야?"

그는 대답했습니다.

"나는 지난번에 공주의 아름다운 얼굴을 보았어요. 그리고는 서로 정이 통할 것이라 생각했어요. 그런데 뜻대로 되지 않아 그만 병이 난 거예요. 만일 이 뜻을 이루지 못하면 틀림없이 나는 죽을 거예요."

친척들은 말했습니다.

"우리가 너를 위해 좋은 방법을 쓸 테니 걱정하지 말아라."

그 후에 친척들은 다시 그에게 말했습니다.

"우리가 너를 위해 일을 되게끔 했다. 그런데 공주가 너와 정을 통하고 싶어 하지 않는구나."

그는 이 말을 듣고 웃으면서 말했습니다.

"틀림없이 될 거예요.

이 우주 안에 있는 모든 생명에는 저마다 신성(神性)이 들어 있다.

형체가 없는 것은 존재가 아니다

무(無)란 "형체가 없는 것" "모양이 아닌 것"을 의미합니다. 그러므로 형체가 없는 것은 존재라고 정의할 수 있습니다. 모든 것이 그 속에 있으며 그것은 또한 모든 것보다 크기 때문입니다. 그것은 이세상 모든 것들, 모든 개체들을 합쳐 놓은 전체보다 더 큽니다.

식물학자에게 장미꽃에 대해 물어보면 그는 장미꽃을 분석할 것입니다. 무슨 성분으로 만들어져 있으며 또 무슨 색깔로 배합되어 장미꽃의 색을 내는지 말해 줄 것입니다. 그는 장미꽃의 부분 부분을 세밀히 분석할 것입니다. 그러나 "장미꽃의 아름다움은 어느 부분에서 오느냐?"고 물어본다면 그는 당황해 할 것입니다. 그는 "선생, 나는 수십 년 동안 장미꽃을 분석해 왔습니다. 그러나 그 장미꽃의 어느 부분에 아름다움이 있는지는 알 수 없습니다. 다만 내가 알 수 있는 것은 장미꽃을 이루고 있는 것은 장미꽃을 이루고 있는 원소이며, 색깔, 그리고 빛과 향기뿐입니다. 나는 이 장미꽃으로부터 어떠한 부분도 분실하지 않았습니다. 이 꽃의 무게를 달아보십시오. 분석하기 전의 무게와 분석한 후 지금의 무게가 다르지 않을 것입니다. 그러므로 장미꽃으로부터 상실된 부분은 조금도 없습니다."라고 말할 것입니다.

아름다움은 분명히 존재합니다. 그러나 아름다움이란 부분 부분을 연결해 놓음으로써 전체가 되는 그것보다 더 아름다운 어떤 것입니다. 아름다움이란 사물을 구성하고 있는 구성 조직보다 더 높은 차원인 것입니다.

❖ ❖ ❖

옛날 변방에 있는 사람들은 나귀는 보지도 못했지만, 다만 '나귀의 젖은 매우 맛있다' 라는 말만 들어 알고 있었습니다.

그때 그들은 수나귀 한 마리를 얻게 되었습니다. 그들은 그 젖을 짜려고 서로 다투어 붙잡았습니다. 그 중에 어떤 이는 머리를 붙잡았습니다. 어떤 사람은 귀를 붙잡았습니다. 어떤 사람은 꼬리를 붙잡고, 어떤 사람은 다리를 붙잡았습니다.

또 어떤 사람은 그릇을 들고 먼저 젖을 짜 마시려고 했습니다.

그 중에 어떤 사람이 나귀의 생식기를 붙잡고 말했습니다.

"이것이 젖이다"

그들은 그것을 짜면서 젖을 얻으려 했습니다. 그러나 그들은 지치기만 하고 아무것도 얻지 못했습니다.

스스로 자신을 일깨우라. 스스로 자신을 되돌아보라. 자신을 지키고 반성하면 그대는 평화롭게 살게 되리라.

하나에 몰입하면 기쁨을 느끼게 된다

　일할 때는 그 일에만 몰두해야 합니다. 먹을 때는 먹는 그 자체가 되어야 합니다. 그러면 과거도 사라지고 미래도 사라지고 현재 이 순간까지도 사라져 버리게 됩니다. 그러면 우리의 모든 에너지가 그 일에 집중하게 됩니다.
　무엇엔가 집중하게 되면 우리는 거기에서 기쁨을 얻게 되고 일에 대한 열정을 갖게 되는 것입니다.
　이성과 사랑의 행위를 할 때는 사랑의 행동 그 자체가 되어야 합니다. 사랑의 행위 이외의 모든 것은 깨끗이 잊는 것입니다. 존재 전체로 하여금 사랑의 행위를 하고 있는 순간은 들에 핀 꽃처럼 싱싱하고 순수해지는 것입니다. 그 사랑의 행위에 대해서 어떠한 생각도 하지 말고, 상상도 하지 말아야 합니다. 모든 생각과 상상은 존재의 불꽃을 꺼 버리는 소멸작용을 하기 때문입니다. 생각하는 것을 내던져 버리고, 자신 전체가 사랑의 행동 그 자체가 되는 것입니다. 그러면 이 행동 속에서 우리는 흔적도 없이 사라져 버립니다. 이때 이 사랑을 통해서, 사랑의 행동을 통해서 우리는 우리의 본질을 발견하게 되는 것입니다.
　먹고 마시는 것을 통해서 우리는 신을 알 수 있습니다. 사랑을 통해서 신을 알 수 있습니다. 우리는 어느 장소 어느 구석에서든지 신을 알 수 있으며, 신과 만날 수 있습니다.

❖❖❖

어떤 사람이 밤에 그 아들에게 말했습니다.

"내일 아침에 너와 함께 저 마을에 가서 거기 있는 것을 가져오도록 하자."

아이는 그 말을 듣고 이튿날 아침 아버지에게 묻지도 않고 혼자서 그 마을로 갔습니다. 아들은 그곳까지 가자 몸이 몹시 피곤했습니다. 거기다가 아무 소득이 없었습니다. 또 밥을 먹지 못해 주리고 목말라 거의 죽을 것 같았습니다. 그래서 아들은 바로 집으로 돌아와 아버지를 찾았습니다.

아버지는 아들이 오는 것을 보고 심하게 꾸중했습니다.

"이 미련하고 무식한 놈아, 왜 나를 기다리지 않고 공연히 갔다 왔다 하여 헛수고만 하고, 모든 세상 사람들의 비웃음을 받는 거야?"

아무리 약한 사람이라도 단 하나의 목적에 자신의 온 힘을 집중함으로써 무엇인가 성취할 수 있으나, 반면에 아무리 강한 사람이라도 그의 힘을 많은 목적에 분산하면 어떤 것이나 성취할 수 없다.

우리의 본질을 비추는 것은 마음이다

　우리의 마음은 호수와 같고 거울과 같습니다. 마음은 본질의 모습을 비출 뿐입니다. 마음은 경험의 음영만을 줄 뿐입니다. 마음의 작용은 거울과 같습니다.
　달이 호수에 비칩니다. 그러나 호수 속에 빠져 있는 달은 실제의 달이 아닙니다. 호수에 비친 이 달을 실제의 달이라고 생각한다면 그는 실제의 달을 발견하지 못할 것입니다.
　거울 속에 비친 자신의 얼굴은 본래의 자신의 얼굴은 아닙니다. 모습만 같을 뿐이지 실제의 얼굴은 자신은 보지 못합니다. 그 얼굴의 모습은 본래의 얼굴이 아니라 거울에 반사되었을 뿐입니다. 거울 속에는 실제의 얼굴이 없고 오직 실제 얼굴의 반사현상만이 있을 뿐입니다.
　마음은 거울입니다. 마음은 실체를 반사합니다. 그러나 우리는 그 반사를 실체라고 믿고 있습니다. 그 이미지를 우리는 진리라고, 실체라고 믿고 있는 것입니다.

　한 왕이 동산에서 즐겁게 놀기 위해 어떤 신하에게 말했습니다.

"그대는 궤짝 하나를 들고 저 동산으로 가서, 내가 앉아 쉴 수 있도록 하여라."

신하는 남 보기에 창피스러워 들려고 하지 않고 왕에게 아뢰었습니다.

"저는 들 수가 없습니다. 지고 가겠습니다."

그래서 왕은 곧 서른여섯 개의 궤짝을 그의 등에 지우고 그를 재촉하여 동산으로 갔습니다.

사람은 부지런하면 생각하고, 생각하면 착한 마음이 일어나는데, 놀면 음탕하고, 음탕하면 착함을 잊으며, 착함을 잊으면 악한 마음이 생긴다.

마음은 사회의 관습에 의해 규제된다

자연스러움에는 두 종류가 있습니다. 첫째 충동적인 자연스러움이 있습니다. 이는 본질과의 연결을 가지고 있지 않습니다. 둘째 자각적인 상태로서의 자연스러움이 있습니다. 이 자연스러움은 본질과 깊이 연결되어 있습니다.

우리는 두 가지를 가지고 있습니다. 몸과 마음입니다. 마음은 사회에 의해서 규제되고 있습니다. 몸은 우리 자신의 생물학적 현상에 의해서 규제되고 있습니다. 마음이 사회적 현상에 의해서 규제를 받고 있다는 것은 우리 마음을 어떤 사상으로 물들일 수 있다는 말입니다. 그리고 우리 몸은 생물학적인 성장에 의해서 규제되고 있습니다.

❖ ❖ ❖

어떤 사람이 변비가 심했습니다. 의사가 그를 보고 이렇게 말했습니다.

"관장을 해야 나을 것이다."

그 사람은 관장할 준비를 했습니다.

그는 의사가 오기 전에 약을 먹었습니다. 그런데 갑자기 배가 불러

참을 수 없게 되었습니다.

의사가 그 까닭을 이상히 여겨 그에게 물었습니다.

"왜 그러십니까."

그는 대답했습니다.

"아까 그 관장약을 먹었는데 배가 불러 죽을 것 같습니다."

의사는 그 말을 듣고 심하게 나무랐습니다.

"당신은 너무 어리석군요. 아무 방법이 없는 사람이오."

의사는 곧 다른 약을 먹여 토하게 한 뒤에야 그를 낫게 했습니다.

깊이 생각하며 의연하고 성실히 살자. 자기 주장이 설사 세상의 일반적인 관습이나 이념과 정반대 방향으로 나타날지라도 자기 소견의 발전을 두려워말자. 처음부터 세상의 이해를 얻지 못할지라도 실망하지 말자. 머지않아 그 고립도 끝날 때가 오기 때문이다.

진리는 개인적이 아닌 보편적인 것이다

　진리는 개인적인 것이 아닙니다. 진리는 모든 만물의 특성을 포함하고 있습니다. 그러므로 진리 속에는 어떤 한계도 없습니다. 시작도 없고 끝도 없다면 중간이란 존재할 수 없습니다. 이 모든 것은 그대로 영원입니다. 시간은 이미 시간이 아닙니다. 시간 속에는 시작이 있고 중간이 있고 끝이 있습니다. 그러나 영원 속에는 시작도 없고 중간도 없고 끝도 없습니다.
　진리는 시간적인 것이 아닙니다. 시간은 진리 속에 흐르는 물처럼 존재할 뿐입니다. 또한 공간은 진리 속에 물처럼 존재합니다. 진리는 결코 공간 속에 존재하지도 않고 시간 속에 존재하지도 않습니다. 오히려 시간과 공간이 진리 속에 존재하는 것입니다. 시간과 공간은 진리가 만들어 내는 형식입니다. 진리는 모든 만물의 형상을 만들어 내는 것입니다.
　진리는 초시간적이며 초공간적인 것입니다. 진리는 초월이며 변형인 것입니다. 진리는 그 자체에 의해서 존재합니다. 세상 모든 것은 이 진리의 도움을 받음으로써 존재하는 것입니다. 진리는 존재의 기반인 동시에 존재의 영원한 토대입니다.

신은 모든 피조물마다 숨어 있다

　　마르크스, 엥겔스, 레닌, 스탈린, 니체 등은 "신이 없다"고 말합니다. 그것은 마치 과학자의 연구실에는 단 한번도 가보지 않은 사람이 과학에 대해서 언급하고 있는 것과 같은 어리석은 일입니다. 실험실의 구조가 어떻게 생겼는지조차 모르는 사람이 아인슈타인의 상대성 원리에 대해서 언급하고 있는 것과 같습니다. 상대성 이론을 말하기 위해서는 먼저 연구실에 가 보아야 하며, 수학의 높은 경지를 알아야만 그것을 올바로 이해하거나 설명할 수 있는 것입니다.

　　아인슈타인의 상대성 원리를 올바로 이해하고 있는 사람은 많지 않다고 합니다. 아인슈타인이 살아 있을 당시 그의 상대성 원리를 이해한 사람은 전세계를 통틀어 불과 12명밖에 되지 않았다고 합니다. 그러나 그들 가운데에서도 몇 사람들은 상대성 이론은 지나치게 과장된 과학이론이라고 생각하고 있었답니다. 그러므로 상대성 이론을 정확하게 이해한 사람은 12명도 채 안 된 셈입니다.

　　우리는 이 세상, 아니 우주의 하나하나에 신의 모습이 숨어 있음을 발견해야 합니다. 우리가 신을 발견하기 위해서는 자신을 돌아보며 자신의 진정한 탐구를 해보려는 시도를 해야 합니다. 그것은 때로는 깊은 명상을 필요로 하는 일이기도 합니다.

❖ ❖ ❖

아버지와 아들이 함께 길을 가게 되었습니다. 그런데 도중에 아들이 숲에 들어갔다가 곰을 만났습니다. 아들은 곰 발톱에 몸이 찢기어 황급히 숲을 나와 아버지가 있는 곳으로 돌아왔습니다.

아버지는 아들의 몸이 몹시 상한 것을 보고 이상히 여겨 물었습니다.

"너는 어디서 그런 상처를 입은 거냐?"

아들은 대답했습니다.

"털이 긴 어떤 동물이 와서 나를 상하게 했습니다."

아버지는 곧 활을 가지고 숲으로 가서 털이 긴 어떤 선인을 보고 활을 쏘려 했습니다.

옆 사람이 물었습니다.

"왜 그를 쏘려 하십니까? 저 사람은 아무 해가 없습니다. 허물이 있으면 다스려야 합니다."

신앙이 존재하는 곳에 신이 존재한다.

가능성은 미래를 향해 열린 창이다

　가능성이란 말은 미래 지향적입니다. 가능성은 미래를 향해 열려 있습니다. 누군가를 기다리는 것은 미래를 향한 열망입니다. 무엇인가를 기대하는 것은 미래로 열린 희망입니다.
　가능성은 우리에게 희망을 줍니다. 가능성은 우리에게 꿈을 줍니다. 가능성은 과거에 대한 그리움이 아니라 미래 완료형의 그리움입니다.
　가능성은 우리에게 용기를 줍니다. 도전의 의지를 줍니다. 가능성은 미래를 향한 열정을 줍니다. 가능성은 우리가 살아 있다는 것을 의미합니다. 가능성이 있기 때문에 우리는 일합니다. 가능성 때문에 우리는 결혼을 합니다. 가능성 때문에 책을 읽고 공부를 하는 것입니다.
　인간은 가능성을, 미래를 가지고 있습니다. 우리가 행복할 수 없는 이유는 바로 이 가능성이 있어서입니다.

　어떤 농부가 고향에 갔다가 보리싹이 무성하게 자라는 것을 보고 그 주인에게 물었습니다.
　"어떻게 보리를 이렇게 무성하게 키웠는가?"

주인은 대답했습니다.

"땅을 평평하게 고르고 거기에 분뇨와 물을 주었기 때문에 이렇게 되었지요."

그는 곧 그대로 밭에 물과 똥을 주고, 거기에 종자를 뿌리려 했습니다. 그러다가 문득 자기 발로 땅을 밟아 땅이 딱딱해져서 보리가 나지 않을까 걱정되었습니다.

"나는 평상에 앉아 사람을 시켜 메게 하고, 그 위에서 종자를 뿌리는 것이 좋겠다."

그래서 그는 곧 네 사람을 시켜 한 사람이 평상 다리 하나씩 들게 하고 밭에 가서 종자를 뿌렸습니다. 그러자 땅은 더욱 단단해졌습니다.

그는 보리가 나지 않을까 염려되어 두 개의 발을 여덟 개로 늘렸던 셈입니다.

희망은 사람을 성공으로 인도하는 신앙이다. 희망 없이는 어떤 일도 이룰 수 없으며, 희망 없이는 인간 생활이 영위될 수 없다.

신은 이 세상을 사랑하는 존재이다

　　금욕주의자들은 이 세상을 부정하고 있습니다. 그들은 신이 이 세상을 싫어하고 있다고 생각합니다. 신이 이 세상을 싫어한다면 신은 이 세상을 창조하지 않았을 것입니다. 신이 이 세상을 싫어한다면 이 세상을 멸망시켜 버렸을 것입니다. 이 세상은 그의 창조물이기 때문에 부수는 것 또한 그의 뜻대로 할 수 있는 것입니다.

　성자들이나 금욕주의자들의 말에 동의한다면 신은 오래 전에 이 세상을 멸망시켰을 것입니다. 그러나 신은 지금 이 순간에도 끊임없이 창조하고 있습니다. 신은 결코 이 세상을 반대하거나 싫어하지 않는 것입니다. 신은 이 세상을 위해 보다 적극적으로 그의 창조력을 발휘하고 있는 것입니다.

　금욕주의자들은 표면적으로는 성, 삶과 투쟁하고 있지만 실상 그들의 마음 깊은 곳에는 성에 대한 환상으로 가득합니다. 누르면 누를수록 그 누른 것에게 사로잡히게 됩니다.

　성을 이야기하지 않을 수 없을 경우에는 성을 비난하는 것입니다. 그러나 그의 마음에는 언제나 성에 대한 생각으로 성을 비난합니다. 그의 마음에는 언제나 성에 대한 생각으로 가득 차 있습니다.

❖❖❖

어떤 원숭이가 어른에게 매를 맞았습니다. 그러나 어찌할 수가 없어 도리어 그 집 어린애를 원망했습니다.

어둠이 전혀 없다면 타락이 무엇인가를 조금도 알지 못할 것이다. 또 광명이 전혀 없다면 사람은 구원을 전혀 희망하지 않을 것이다. 따라서 신의 그림자가 어느 정도 보였다 안 보였다 하는 것은 우리들의 신념에 따라 좌우되는 것이다.

자신의 삶을 사는 존재가 가치 있는 존재이다

　　담배를 즐기는 한 여인이 있었습니다. 그러다 담배를 끊지 않으면 안 되는 사정이 생겼습니다. 그녀가 키우던 앵무새가 계속 기침을 했기 때문입니다. 그녀는 그녀 자신이 너무 담배를 피웠기 때문에 그 담배 연기로 인해서 앵무새가 기침을 하게 되었다고 생각했습니다. 그녀는 앵무새를 데리고 수의사에게 갔습니다. 앵무새를 진찰한 결과 앵무새에게는 아무런 이상이 없음을 알았습니다. 수의사는 최종적으로 앵무새가 그녀의 기침을 흉내내고 있다는 것을 알아냈습니다. 그녀는 담배 피울 때마다 잔기침을 했던 것입니다.

　　앵무새는 담배를 피우는 것이 아니라 담배 피우는 흉내를 냈던 것입니다. 그녀가 기침을 해댔기 때문에 앵무새도 그 기침하는 법을 배웠던 것입니다.

　　우리는 이런 앵무새와 같은 삶을 살아선 안 됩니다. 앵무새의 삶은 자신의 진정한 삶이 아닙니다. 남이 하는 대로 자기 의지도 없이 살아가는 것은 삶이 아닙니다. 자신의 의지가 들어 있지 않은 삶은 죽은 자의 삶이나 다를 바가 없습니다. 우리 자신의 삶보다 더 값어치 있는 것은 이 세상 어디에도 없기 때문입니다.

❖ ❖ ❖

어떤 여자가 심한 눈병을 앓고 있었습니다. 그와 친한 한 여자가 그에게 물었습니다.

"당신은 왜 눈병을 앓게 된 건가요?"

그녀는 대답했습니다.

"눈이 있으니 눈병을 앓지요."

여자는 그 말을 듣고 말했습니다.

"눈이 있으니 눈병을 앓는다. 그렇다면 나는 아직은 눈병을 앓지 않았으니 내 눈을 도려내야 겠네요. 나중에 눈병을 앓지 않으려면."

옆 사람이 말했습니다.

"눈이 있으면 눈병을 앓을 수도 있고 앓지 않을 수도 있어요. 그러나 눈이 없으면 목숨이 다할 때까지 언제나 눈을 앓게 될 것이오."

남도 그대만큼 할 수 있는 일이라면 하지를 말라. 남도 그대만큼 할 수 있는 말이라면 말하지 말라. 쓰는 것도 마찬가지다. 오직 그대 자신 속에 존재하는 것에 충실하라. 그렇게 함으로써 그대 자신을 없어서는 안 될 존재로 만들라.

우리는 모두 인간이 되려는 가능체이다

　　우리는 모두 인간이 되려는 가능체입니다. 그래서 우리는 발전 가능성을 지닌 존재입니다. 우리는 아직 완전한 인간이 아닙니다. 우리가 완전해지기 위해서는 적어도 일생을 살아 보아야 할 것입니다. 단지 우리는 온전한 인간이 되려고 길을 나선 나그네에 불과한 것입니다.

　　우리는 그 가능성을 지닌 존재로서 인간으로 발전해 갈 수도 있고 또 인간의 길을 포기할 수도 있습니다..

　　우리는 마치 어떤 식물의 완성이 아니라 씨알로 있는 잠재된 식물과도 같습니다. 아직 인간으로서의 기능의 가능성을 지닌 씨앗이지 그 기능체가 아니랍니다.

　　인간은 하나의 기계와 같습니다. 기계처럼 일하고 태어났다가 죽습니다. 우리가 이대로 살아간다면 지능이 미미한 로보트에 불과 합니다. 우리는 노력 여하에 의해서 그 이상이 될 수도 있는 존재인 것입니다.

　　우리는 우리 자신이 미완의 존재임을 인식해야 합니다. 그래야만 우리는 완전을 향해 변신하며 발전할 수 있기 때문입니다.

❖❖❖

어떤 아버지와 아들이 일이 있어 함께 길을 나섰습니다. 그런데 길에서 갑자기 강도가 나타나 그들이 가진 것을 빼앗으려고 했습니다.

아들의 귀에는 순금 귀고리가 있었습니다. 아버지는 강도가 갑자기 나타나는 것을 보고 귀고리를 빼앗길까봐 두려웠습니다. 그래서 아버지는 곧 손으로 귀고리를 당겼습니다. 그런데 귀고리가 떨어지지도 귀가 찢어지지도 않았습니다. 그래서 아버지는 곧 아들의 머리를 베어 버렸습니다.

조금 뒤에 강도는 떠났습니다. 그는 아들의 머리를 다시 그의 목에 붙이려 했습니다. 하지만 본래대로 되지 않았습니다.

인간이란, 이렇게도 되었다가 저렇게도 되고, 마음 가는 대로 살아가는 것이기 때문에, 오늘의 착한 사람도 내일이면 악당이 될 수 있다.

과거의 퇴적물이 모여 추억이 된다

　우리는 무엇을 위해 사는가, 어떤 가능성을 갖고 사는가, 그리고 무엇이 될 수 있는가를 생각하곤 합니다. 그리고 뒤에는 과거라는 퇴적물이 쌓이고, 더 먼 뒤로는 어렴풋한 추억이 남습니다. 그 추억의 순간, 때로는 사랑 속에서, 때로는 달빛 속에서, 아름다운 숲 속에서, 그리고 침묵, 그 지나간 것들을 추억으로 남겨둡니다.
　보통의 경우 온 삶을 통해서 그 추억을 추억으로만 남겨둡니다. 하지만 우리는 그 추억을 넘어 설 때 보다 의미 있는 삶을 살 수 있습니다. 우리는 지난 경험 하나하나에 의미를 부여하는 삶을 살아야 합니다.

❖❖❖

　어떤 도적떼가 도적질을 하여 많은 재물을 훔쳤습니다. 그들은 그것을 서로 똑같이 나누려고 했습니다. 그런데 훔친 것 중에 빛깔이 좋지 못한 보물 하나가 있었습니다. 그들은 그것을 제일 나쁜 것으로 생각하여 제일 못난 사람에게 주었습니다.
　못난 사람은 그것을 받고 투덜댔습니다.

"같이 훔쳐 놓곤 제일 나쁜 것만 내게 주다니."

그는 그렇게 화를 내며 그것을 가지고 성안에 들어가 팔았습니다. 성안에는 부자들이 많이 있었습니다. 그 부자들의 장자들은 그의 물건을 비싸게 쳐주었습니다. 그래서 그 사람이 얻은 것이 다른 사람들이 얻은 것의 배 이상이 되었습니다. 그제야 그는 한없이 기뻐하게 되었습니다.

추억은 식물과 같다. 어느 쪽이나 다 싱싱할 때 심어 두지 않으면 뿌리를 박지 못하는 것이니, 우리는 싱싱한 젊음 속에서 싱싱한 일들을 남겨 놓지 않으면 안 된다.

기쁨은 나누어 공유할 때 의미가 있다

　기쁨은 다른 사람에게도 나누어 주어야 합니다. 혼자만 가지는 기쁨은 이기적이기 때문입니다. 무엇이든 가지려고만 하고 줄줄 모르는 것은 이기적인 삶입니다. 이 세상은 돌고 돕니다. 그 흐름을 막는 것은 순리에 어긋나는 일입니다.
　어떠한 것도 움켜쥐고 있어선 안 됩니다. 얻는 것이 있으면 주는 것이 있어야 합니다. 주면 줄수록 점점 더 얻게 될 것입니다. 그것이 우리에게 주어지는 기쁨입니다.
　버리는 것이 얻는 것입니다. 우리는 우리가 가진 것을 남에게 줌으로써 기쁨이 생깁니다. 우리는 물질적인 것을 받음으로서 감사의 마음을 줍니다. 그래서 세상은 주고받음의 법칙이 잘 조화를 이루는 우주입니다. 이 세상은 법보다 강하고 큰 이러한 힘이 돌아감으로써 생성되는 아름다운 우주인 것입니다.

　어떤 사람이 길을 가다 금 족제비 한 마리를 얻게 되었습니다. 그는 몹시 기뻐하여 그것을 품안에 품고 가던 길을 갔습니다. 마침 강에 이르러 물을 건너려고 옷을 벗어 땅에 두었습니다. 그런데 그 금족제비는 이내 변해 독사가 되었습니다.

그는 가만히 생각했습니다. '차라리 독사에게 물려 죽더라도 꼭 품에 안고 가리라.'

그의 지극한 마음에 감동되어 독사는 다시 금으로 변했습니다.

옆에 있던 어떤 어리석은 사람은 독사가 순금으로 변하는 것을 보고, 항상 그런 줄 알게 되었습니다. 그는 자신도 독사를 잡아 품속에 품었습니다. 그리고는 그만 독사한테 물려 목숨을 잃고 말았습니다.

자기 중심적인 사람은 절대로 행복하지 않다. 만족한 인생을 보내는 비결은 다른 사람에게 보다 많은 사랑과 기쁨과 행복을 나누어 주는 데에 있는 것이다.

우리의 머리는 작지만
그 속에 온 우주가 들어 있다

　　　우리의 온갖 감정들은 우리의 머릿속에 있습니다. 우리의 머리는 곧 우리의 마음입니다. 우리의 생각은 우리의 작은 두개골에서 나오지만 그 힘은 무한합니다. 그 생김의 구조는 우리 모두 비슷하지만 그 생각의 차이는 아주 다릅니다. 그 폭은 너무나 큰 차이가 있습니다.

　이 자각은 끝없이 넓고 무한합니다. 우리 두뇌에 들어 있는 것들, 즉 희비애락을 느끼는 온갖 감정과 욕망, 그리고 야망은 무한히 큽니다. 하지만 그것도 우리가 생을 마감하게 될 때 모두 사멸되고 맙니다. 그리고 우리의 두개골도 한줌 흙으로 바뀌어 땅속으로 사라져 버립니다. 그리고 우리의 영혼만이 가벼운, 기쁜 생각만을 가지고 차원이 다른 세계로 날아갑니다. 그곳은 보이지 않는 나라입니다. 그리고 그곳에는 지금의 몸으로는 무거워서 갈 수가 없습니다.

　우리의 영혼은 우리 몸의 어느 부분에 있는 것이 아닙니다. 그래서 우리 마음대로 움직일 수 없는 것입니다. 오히려 영혼은 우리의 몸을 감싸고 있는지도 모릅니다. 우리는 이 영혼이 우리 속에 깃들이며 자유로워지도록 우리의 몸과 마음을 잘 다스릴 수 있어야 합니다.

❖❖❖

어떤 가난한 사람이 길을 가다가 우연히 돈 뭉치를 줍게 되었습니다. 그는 매우 기뻐하며 그것을 세어 보았습니다. 그러나 미처 다 세기 전에 갑자기 그 주인이 나타나 그것을 모두 **빼앗아** 갔습니다. 그는 **빨리** 가버리지 않은 것을 후회하면서 매우 괴로워했습니다.

실오라기 하나도 무심코 버리지 말고 바랜 나뭇잎도 함부로 쓸어 담지 마라. 그런 것들이 존재하기 위하여 얼마나 어려웠을까를 항상 생각하라.

육체와 마음은 본래 하나이다

　육체와 마음은 본래 하나입니다. 선과 악은 둘이 아니라 본래부터 하나입니다. 악에서 선이 나오는 것입니다. 선에서 악이 나오는 것입니다. 본래는 이 둘이 하나였으므로 우리는 이 둘을 적절히 균형을 맞추어야 될 필요가 있습니다. 악과 선은 극한 투쟁의 대상이 아닙니다. 이를 두 개로 분리시켜 불완전하게 만들 필요는 없습니다.
　우리 자신의 육체를 아끼고 보살펴야 합니다. 발전시킬 수 있는 모든 가능성은 다 발전시켜야 합니다. 육체는 결코 영혼의 적이 아닙니다. 육체는 영혼이 휴식을 얻는 집과도 같습니다. 육체는 우리의 영혼이 살고 있는 집입니다.
　우리는 존재 자체를 사랑해야 합니다. 그 자신의 전체 속에서 있는 그대로를 사랑해야 합니다. 발전의 가능성이 있는 것이면 모두 발전시켜야 합니다. 그러나 그 발전은 투쟁을 통해서가 아니라 사랑을 통해서여야 합니다.

　어떤 가난한 사람이 재물을 조금 가지고 있었습니다. 그는 큰 부자를 보고 그와 같은 재물을 갖고 싶어 했습니다. 그러나 뜻대로 되지 않았습니다. 그러자 그는 그 조그만 재물마저 물 속에 버리려고 했습니다.

옆 사람이 그에게 물었습니다.

"그 재물이 비록 적지만 늘릴 수도 있지 않겠소. 당신의 앞날은 아직 멀었는데 왜 그것을 물 속에 버리려고 하는 거요?"

인간들이여, 정신 속에서 살라! 인생의 본질을 육체에 두지 말라. 육체는 그 속에 존재하는 힘을 담고 있는 그릇에 지나지 않는다. 인간의 모든 표면적인 것은 단지 그 정신의 힘 때문에 살고 있는 것이다.

행복의 옆에는 늘 불행이 자리한다

  행복은 언제나 혼자 우리에게 다가오지 않습니다. 행복은 기쁨을 가져다 우리에게 주지만 거기에는 괴로움이 기회를 노리며 가까이 있습니다. 우리는 또한 불행을 상상할 수 있습니다. 불행은 우리에게 너무도 비일비재하게 일어나고 있기 때문입니다.
  행복을 아직 느껴보지 못했다 해도 행복을 상상할 수는 있습니다. 불행의 반대로서 말입니다. 하지만 진정한 행복은 깨달음의 축복입니다. 깨달음은 이중성이 아닙니다. 그러므로 깨달음은 생각 속에서 상상할 수 있는 것이 아닙니다.
  그것은 상상할 수조차 없습니다. 상상할 수 없는 것은 진리와 진리 아닌 것의 차이입니다. 진리는 결코 상상할 수 없습니다. 다만 체험만이 가능할 뿐입니다. 깨달음을 꿈꿀 수는 있습니다. 그러나 깨달음은 누가 아무리 훌륭하게 설명한다 해도 체험을 통하지 않고는 그 기쁨의 깊이를 알 수 없는 것입니다.

❖ ❖ ❖

  유모가 아이를 데리고 길을 가다가 너무 지쳐 그만 잠이 들고 말았습니다.

그때 어떤 사람이 가졌던 환희 환을 어린아이에게 주었습니다. 어린아이는 그것을 먹고 그 맛에 빠져 그만 제 몸이나 물건을 돌아볼 줄 몰랐습니다.

그 사람은 곧 아이의 족집게와 패물과 구슬과 옷을 모두 벗겨 가지고 달아나 버렸습니다.

행복한 사람은 불행한 사람이 자신의 무거운 짐을 말없이 짊어지고 걷고 있기 때문에 행복을 즐기고 있는 것이다. 이 불행한 사람의 침묵이 없었던들 행복 따위가 있을 리 만무하다.

우리 삶의 모든 에너지는 현재에 집중해야 한다

　과거를, 과거에 대한 애착을 깨끗이 던져 버려야 합니다. 미래에 대한 생각을 깨끗이 지워 버려야 합니다. 그래서 우리 삶의 모든 에너지를 현재 이 순간에 집중해서 살아야 행복합니다.
　이 초점을 제대로 맞추게 될 때 우리는 열정적인 삶을 살 수 있습니다. 살아 있는 신은 죽은 자를 원치 않습니다. 열정을 가지고 현재에 집중하는 사람의 불꽃이 되어 주는 것입니다.

　어떤 노파가 나무 밑에 누워 있었습니다. 그때 곰이 와서 그 노파를 해치려 했습니다. 그러자 노파는 큰 나무 주위를 빙빙 돌며 달아났습니다. 곰은 곧 뒤를 쫓아와 한 손으로 나무를 붙들고 한 손으로는 노파를 잡으려 했습니다. 노파는 급한 나머지 나무에다 곰의 두 손을 한꺼번에 눌러 버렸습니다. 곰은 꼼짝하지 못했습니다.
　마침 다른 사람이 그곳에 왔습니다.
　노파는 그에게 말했습니다.
　"자네도 나와 함께 이 놈을 잡아서 고기를 나누도록 하지."

그는 노파의 말을 믿고 곰을 붙잡았습니다. 그러자 노파는 곰을 버리고 달아났습니다. 그래서 그 사람은 결국 곰에게 곤욕을 당하고 말았습니다. 그 어리석은 사람은 세상의 웃음거리가 되었습니다.

인간의 의무는 존재하는 것이 아니라 살아가는 것이다.

하나가 전체가 되려해선 안 된다

　　이 세상에 인간은 누구나 남성 아니면 여성입니다. 유행가의 가사처럼 이 세상의 반은 남자입니다. 그리고 그 반은 여자입니다. 그러므로 어느 한쪽이 전체가 되려는 생각은 버려야 합니다. 반이면서 전체가 되려는 사람들 때문에 세상은 어지럽고 전쟁이 일어나기도 하는 것입니다.

　우리는 서로가 반쪽이므로 혼자서는 완전하지 않은 존재입니다. 그러므로 남성은 서로가 경쟁하는 상대가 아니라 함께 손을 잡고 가야 하는 존재들입니다. 함께 힘을 합해 살아가야 하는 존재들입니다.

　그럼에도 불구하고 남성은 여성을, 여성은 남성 위에 서려 합니다. 그것은 서로에게서 멀어지려는 것과 같습니다. 우리는 이성을 협조자로, 자신에게 결여되어 있는 반쪽을 개발해 줄 수 있는 가능성으로 생각해야 합니다.

　어떤 사람이 남의 아내와 정을 통하고 있었습니다. 일을 마치기 전에 그 남편이 밖에서 오다가 그것을 알게 되었습니다. 남편은 문 밖에 서서 그가 나오기를 기다려 죽이려고 했습니다.

아내는 그 사람에게 말했습니다.

"우리 남편이 이미 알고 있어 따로 나갈 데가 없습니다. 오직 저 '마니(수챗구멍)'로만 나갈 수 있습니다."

그러나 그 사람은 그 '마니'를 '마니 주'로 잘못 알고 마니 주(摩尼珠)를 찾았으나 찾을 수가 없었습니다.

그는 이렇게 생각했습니다.

'마니 주를 찾지 못하면 나는 결코 나가지 않을 테다.'

그러다가 그는 결국 그 남편에게 붙잡혀 죽고 말았습니다.

하나는 남성적이고 하나는 여성적인 두 개의 거센 맞바람이, 서로 만나 십자로에서 격돌한다. 순식간에 이들은 서로 채우고, 두터워지고, 가시적으로 된다. 이 십자로가 바로 우주이다. 내 가슴이다.

삶은 사라지는 것과 되돌아옴의 연속이다

　모든 것은 사라지면서 동시에 되돌아오기 마련입니다. 그러나 사라지는 것과 되돌아오는 그 간격이 너무 짧고 치밀한 순간이기 때문에 우리는 이를 느끼지 못하고 있을 뿐입니다. 탄트라는 "푸른 하늘이, 나뭇잎이 저토록 푸르게 보이는 것은 이 때문이다. 존재, 그 자체가 싱싱하기 이를 데 없어 보이는 것은 이 때문이다. 매순간마다 사라짐과 동시에 매순간마다 다시 되돌아오는 그 순간성 때문이다." 라고 말합니다.

　인간만이 기억의 무거운 짐을 지고 있습니다. 이 때문에 인간은 괴로워하며 번뇌하는 것입니다. 인간을 제외한 모든 존재는 기억이 없거나 짧기 때문에 과거에 연연하지도 미래를 걱정하지도 않습니다.

　과거는 실재하지 않습니다. 우리의 기억 속에만 남아 있습니다. 그러므로 우리는 너무 과거에 얽매여서는 안 됩니다. 그것이 인간을 불행하게 만듭니다. 또한 지나치게 미래를 상상할 때에 우리는 염려하게 됩니다. 그러나 미래는 실재하지 않습니다. 그러므로 미래를 너무 염려하면 허무에 휩싸이게 됩니다. 이것이 우리의 삶을 축소시키는 것입니다. 우리는 현재의 순간만이 실재함을 깨닫고 현재에 최선을 다하면 됩니다.

❖ ❖ ❖

암수 두 마리의 집비둘기가 살고 있었습니다. 이들은 한 둥우리에 살면서 익은 과실을 가져다 둥우리에 채워 두었습니다.

그 뒤 과실이 말라 차츰 줄어들어 반 둥우리밖에 남지 않았습니다.

수컷은 성을 내며 암컷에게 말했습니다.

"과실을 모으느라고 얼마나 애를 썼는데 왜 혼자서 먹고 반만 남긴 거야?"

암컷이 대답했습니다.

"나는 먹지 않았어. 과실이 저절로 줄어들었다고."

그러나 수컷은 그 말을 믿지 않았습니다.

"네가 혼자 먹지 않았으면 왜 줄어들었겠어."

수컷은 곧 주둥이로 암컷을 쪼아 죽였습니다.

며칠이 지나 큰비가 내려, 과실은 차츰 불어나 전과 같이 되었습니다.

수컷은 그것을 보고 비로소 후회하게 되었습니다.

"실은 그가 먹은 것이 아니었는데 내가 망령이 들어 그를 죽였구나."

수컷은 슬피 울면서 암컷을 불렀습니다.

"너는 어디로 간 거야."

시간은 지나가는 사건들의 강물이며, 그 물살은 거세다. 때문에 어떤 사물이 나타났는가 하면 연방 스쳐 가버리고 다른 것이 그 자리를 차지한다. 새로 등장한 것도 또한 곧 스쳐 가버리고 말 것이다.

인간의 모습 속에 신의 형상이 들어 있다

　신은 인간의 이미지 속에서 만들어진 것입니다. 신은 인간의 언어 속에만 존재합니다. 인간의 언어 속에 존재하는 신이란 제한된 신일 뿐입니다. 실은 인간과 흡사하지 않으면 안 되는 것입니다. 신이 인간의 언어 속에 있다는 것은 다른 명사들과 같다는 이야기입니다.
　신은 이 세상의 모든 사물과 닮지 않으면 안 되는 것입니다. 이 모든 것은 신의 창조물이기 때문에 창조물은 반드시 창조주인 신을 닮아야 하기 때문입니다. 인간은 형상 속에 포함되어 있습니다. 그러나 인간은 결코 형상일 수만은 없습니다.
　신이 말의 모습을 닮았건, 개의 모습을 하고 있건, 인간의 형상을 갖고 있건 그것은 중요하지 않습니다. 중요한 것은 신의 능력과 권세입니다. 우리 인간의 가장 중요한 면도 지금 나는 무엇을 할 수 있느냐의 문제입니다. 신 또한 얼마나 전지전능하냐가 중요한 것입니다.

❖❖❖

　어떤 장인(匠人)이 왕을 위해 일을 했습니다. 그런데 그는 그 일로 괴로움을 견디지 못하여, 거짓으로 눈이 멀었다고 꾀를 부려서 겨우 괴로움에서 벗어났습니다.

  다른 장인도 그 말을 듣고, 스스로 제 눈을 다치게 하여 괴로운 노역을 피하려 했습니다.

  옆 사람이 그에게 물었습니다.

  "너는 왜 스스로 눈을 상하게 하여 공연히 고통을 받는가."

창조 속의 모든 것은 그대의 내면에 존재하고, 그대의 내면에 있는 모든 것은 창조 속에 존재한다. 가장 작은 것으로부터 가장 큰 것에 이르기까지 만물은 동등한 것으로써 내면에 존재한다. 하나의 원자 속에서는 대지의 모든 요소들이 발견된다. 한 방울의 물 속에는 바다의 모든 비밀들이 담겨 있다.

이 세상은 소멸과 탄생의 연속이다

　　이 세상은 지금 이 순간에도 사라지고 있습니다. 사라지면서 다시 태어나고, 다시 태어나면서 또 사라지고 있습니다. 우리의 삶 또한 태어나고 죽는 것입니다. 순간마다 과거는 죽습니다. 더불어 순간마다 현재가 다시 태어납니다.

❖❖❖

　어느 날 두 사람이 짝이 되어 넓은 들판을 함께 가게 되었습니다. 그러던 중 강도를 만나 한 사람은 도중에 한 벌의 비단옷을 빼앗기고, 또 한 사람은 도망쳐 풀 속으로 숨었습니다.
　옷을 빼앗긴 사람은 일찍이 그 옷 끝에 금전 한 푼을 싸 두었었습니다.
　그래서 그는 강도에게 말했습니다.
　"이 옷은 금전 한 푼 값에 해당한다. 지금 금전 한 푼을 줄 것이니 이 옷과 바꾸자."
　강도는 말했습니다.
　"그 돈이 지금 어디 있는가."

그는 그 옷 끝을 풀어 금을 보여주며 말했습니다.

"이것이 바로 그 순금이다. 만일 내 말이 믿어지지 않거든 지금 이 풀 속에 훌륭한 금사가 있으니 가서 물어 봐."

강도는 금과 옷을 모두 가져갔습니다. 그래서 어리석은 사람은 옷과 금을 모두 잃게 되었습니다. 그리고 제 이익만 잃은 것이 아니라, 또 남도 잃게 만들었던 것입니다.

우리는 한 숨에 삶과 죽음이 있다고 한다. 내쉬고 들이쉬지 못하면 죽은 것이다. 미래는 아직 오지 않았고 과거는 이미 흘러갔다. 우리는 오직 지금 이순간, 지금 여기에 살고 있는 것이다.

고정화된 형식의 틀을 벗어야 한다

　자신을 고정화된 형식의 틀에 가두어선 안 됩니다. 모든 형식은 우리를 가두는 감옥과 같습니다. 형식은 우릴 거추장스럽게 하는 무거운 옷과 같습니다. 우리는 시의 적절하게 변화 가능한 존재여야 합니다. 자신을 고정화시키면 더 이상의 발전은 불가능합니다.
　우리는 우리를 부자연스럽게 하는 형식의 틀을 깨야 합니다. 그 형식의 문을 열어야 합니다.
　틀 속에 자신을 고정시키지 말고 그 틀에서 벗어나야 합니다. 형식이나 습관은 그 시대의 산물입니다. 그 형식이나 습관은 그것이 유용했던 시대가 있는 것입니다. 그러므로 시의 적절하게 그 관습으로부터 자유로워야 합니다. 그 형식으로부터 문을 열고 나와야 합니다. 그래야 현실에 알맞게 살 수 있는 것입니다.

　어떤 아이가 육지에서 놀다가 큰 거북이 한 마리를 얻었습니다. 그것을 죽이고 싶었으나 그 방법을 알지 못해서 길을 가던 어떤 사람에게 물었습니다.

"거북이를 어떻게 죽입니까?"

그 사람은 말했습니다.

"그것을 물 속에 던져두어라. 그러면 곧 죽을 것이다."

아이는 그 말을 믿고 그것을 물 속에 던졌습니다. 그러나 거북이는 물을 만나 곧 달아났습니다.

행성이 태양 주위를 돌 듯이 형식이 마음을 중심으로 돈다. 형식을 너무 차리는 자들은 가면을 쓴 위선자들이다.

> 명상은 우리의 심연에서 끌어올린
> 언어의 묶음이다

　명상이란 고요한 장소에 앉아서만 하는 것이 아닙니다. 교회나 절에 가서 하는 것이 아닙니다. 인간의 다양한 삶 속에서 진행되는 것입니다. 우리는 인간이기에 인간 속에서 살아야 합니다. 이러한 우리의 삶 속에서 인간 본질의 깊은 심연이 우리 밖으로 나오게 하는 것입니다.

　명상은 고요한 정적이 아닙니다. 나뭇잎의 일렁이는 물결처럼 명상은 살아 있는 것들의 발로입니다. 죽어 있는 것들이 살아 있는 것처럼 여겨질 때 우리는 삶의 진정한 기쁨을 느낍니다. 명상은 조용히 은둔자가 되어 세상을 등지고 살려는 것이어선 안 됩니다. 진정한 명상은 제대로의 정의를 가지고 세상을 살기 위한 용기의 씨알을 키우는 침묵입니다.

❖❖❖

　아수라 왕이 해와 달리 밝고 깨끗한 것을 보고 손으로 그것을 가려 버렸습니다. 무지한 사람들은 그것을 월식으로 알고 아무 죄 없는 개를 제멋대로 때렸습니다.

지혜로운 이는 몸을 억제하고

말을 삼가고

마음을 억제하고

이와 같이 그는 자신을 잘 지키고 있다.

지혜로운 사람은

차례차례 조금씩

자기 때를 벗긴다.

꽃은 어디에 피어도 향기를 낸다

지은이 | 최복현
초판1쇄 발행   2001년 12월 15일
초판2쇄 발행   2001년 12월 27일
펴낸이 | 이의성   펴낸곳 | 지혜의나무   등록번호 | 제1-2492호
주소 | 서울시 종로구 관훈동 198-16 남도빌딩 3층
전화 | (02)730-2211   팩스 | (02)730-2210
ⓒ최복현   ISBN 89-89182-09-3   03690

*잘못된 책은 바꾸어 드립니다.